사라진 눈물

정찬열 제3시집

선생님께 드립니다

정 찬 열 삼가

시와사람

정찬열 제3시집

사라진 눈물

2021년 11월 20일 인쇄
2021년 12월 1일 발행

지은이 | 정 찬 열
펴낸이 | 강 경 호
인쇄·기획 | 도서출판 시와사람
등 록 | 1994년 6월 10일 제 05-01-0155호
주 소 | 광주시 동구 양림로119번길 21-1(학동)
전 화 | (062)224-5319
팩 스 | (062)225-5319
E-mail | jcapoet@hanmail.net

ISBN 978-89-5665-615-1 03810

값 10,000원

* 잘못된 책은 바꾸어 드립니다.
* 이 책은 한국예술복지재단 지원으로 제작되었습니다.

사라진 눈물

시인의 말

40여 년을 이공계에 몸담고 동분서주하다가 2008년에 불의의 감전사고를 당했습니다. 한쪽 팔을 잃은 장애인이 되고부터 글을 쓰기 시작했습니다. 그동안 취미 삼아 즐기던 낚시며 골프 등을 가까이할 수 없다 보니 어려서부터 그리던 문학 창작이 오직 한 낙이 되어 내 동지처럼 다가왔습니다. 그러던 2013년에 《대한 문학》 신인상에 올라 시와 수필로 등단하였습니다. 늦은 것이 빠른 것이란 생각으로 제 생의 부족함을 메꾸기 위해 틈틈이 교수님들의 문학 강좌를 수강하면서 나 자신을 채찍질하는 계기로 삼아 여기까지 왔습니다. 아직은 많이 부족하다는 걸 알지만, 겁 없이 첫 수필집을 출간하였고 두 차례의 시집을 출판하였습니다. 그리고 이들을 바탕으로 제3시집의 출판을 고민하게 되었습니다. 마음속에는 친숙한 언어들이 찾아와서 시골의 오일장처럼 와글거리지만, 아직도 시가 어색하다는 것은 숨길 수 없는 사실입니다. 때로는 밖으로 헤엄쳐 나오지 못한 시어들이 흰개미 떼처럼 내 감정의 방파제에 새까맣게 모여들어 응원하는 것만 같습니다. 부족하지만 그것들로 세상을 펜스 치면서 제3시집을 세상에 내놓습니다. 많이 떨리고 조심스럽습니다. 독자

여러분의 아량과 응원을 기대합니다.

작품을 평설해 주신 김종 교수님, 작품집 출판을 자별한 관심으로 지켜봐주신 청파 정문기 선생님, 문학세상에서 깊은 정을 쌓은 대한문인협회 김락호 이사장님께 깊은 감사를 드립니다. 상처의 고통을 이겨내기 위해 문학에 발을 딛고 일어서게 해준 아내의 내조는 저에게 그 무엇보다 큰 힘이었습니다. 칠 남매의 장형님을 비롯하여 형제자매, 딸과 아들네 가족이 어렵고 힘들 때마다 큰 위로가 되었습니다. 부족한 저를 항상 응원해주신 모든 분께도 고개 숙여 깊은 감사의 말씀을 전합니다.

2021년 겨울의 초입에서

정찬열 삼가

정찬열 시집 / 차례

1 세월-봄은 기다림이다

2 인생-당신을 사랑합니다

3 자연-무등산 초록만월

4 동행-연리지의 사랑

1

세월-봄은 기다림이다

가을 담쟁이

잔솔이 어우러진 숲속
소나무에 기대 오른
넝쿨 담쟁이
나무에게 몸을 맡기고
노래하며 손을 흔든다

기를 쓰고 오른다.
소나무는 귀찮다 해도
넝쿨손 놓칠세라 휘어 감고는
신세 좀 지자며 기어오른다

오늘은 바람도 없는데
손사래 치며 춤을 춘다
긴 한숨을 쉬며
초록도 지쳐서 가을이 되니

노란 단풍 빨강 단풍
그도 이젠
황혼이 되나 보다.
그토록 발버둥 치던 시절도
포기한 네 마음을 나는 알겠다

너와 나의 가풀막이
어느덧 가을인 것을…

경자년의 봄

봄소식을 배달하는
복수초 축포 소리에
삭풍을 이겨내고 피운 꽃잎
홍매화는 붉은 눈물짓고

춘삼월에 내리는 눈
달아나는 발자국도 없는데
붉은 피 나뒹구는 산다화

산수유꽃 피는 소식에
목련화, 개나리, 생강꽃 피니
시새움에
가로변 벚나무들이
폭죽처럼 터뜨린 화폭

세상은 발이 묶여
꽃소식 여전한 경자년의 봄

코로나에 물 들은 들녘에도
무서리에 끌려온 봄이라네

산천초목 연초록

온난 기류로
시작되는 입춘 지나고
꽃소식 무성한 계절이 오면
꽃피는 바람 불어
산천에 봄의 향연 피어난다

아지랑이 낮 꿈꾸는 따스함
봄바람에 내리는 비
초록 음계 시작되어
만물은 몸을 불러 다가온다

따스한 햇볕 받아
양지쪽에 실눈 뜨고 잠든 강아지
꽃들의 감춰진 속살은
봄바람 불어주니
향기 풀어 연녹색, 물들어 간다

봄의 향연은
흰 구름도 띄우고
찬바람 속살 시린 부표가 되어
산천은 연둣빛으로 단장한다.

베란다에 봄

햇볕이 놀다간 베란다에는
집들이 때 들인 관음죽 화분
넓고 큰 화분에 터를 잡았다

창문 밖 벚꽃이 봄을 알릴쯤
형님이 선물한 난분은
물이 많아 죽고 말았고

안방마님이 사들인
파피오페딜룸이며 푸크시아꽃
목이 말라 먼 길 먼저 보냈다
봄이면 꽃 피는 예쁜 군자란
붉게 꽃이 핀 제라늄
햇볕에 놀다 간 베란다에

십년 넘게 살아온
산세비에리아꽃에
가시로 중무장한 꽃 기린도
갈 곳이 넘쳐 배가 불룩한
군자란 분갈이에 혼돈을 막는다.

동백 붉게 타다

붉게 물들여진 길가
꾸불꾸불
사찰로 오르는 길

우아하게 피는 꽃
이렇게 많이도 심겨 있어
겸허한 미덕으로 피어나
사모하는 여인들이여
이곳을 걷는다면
설레는 마음을
그 얼마나 물들이려나

추운 겨울날
만덕산 자락 백련사 주위에서
누군가를 그리워하는 동백은

그 마음 붉게 타올랐을까.

초봄 설중매

쌀쌀한 추위와
햇빛 한 줌
찾는 듯 찾는 듯
나뭇가지 사이를
햇살이 찾아온 날

부딪히고 얼어붙는 길목
하늘이 열릴 것 같아서
꽃향기 퍼지지 못하더라도
살아남기 위한 시련에도

매섭게 찾아든 봄바람에
붉은 설중매가 몸 흔든다
누군가 쫓는 것도 아닌데
부푼 꽃망울에
봄이 오는 햇살에 맡기고

매화사랑 퇴계 선생 말씀이
마음속에 깊이 스미고
바람 부는 소리에
놀란 상념을 꿰맞추는가?

기승을 부리는 찬바람
늦은 봄에 내린 눈이 염려되어
관능에 몸서리치는 저 청아한 몸짓이여.

화려한 뒤풀이

빗장 건 가슴에
모질게 버텨 내고는
푸르른 냉가슴 앓고 있었다

버들강아지 눈 뜨며
계절이 풀려가니
따스한 바람 불어
수액으로 피어나는
구름 같은 벚나무 꽃
봄을 태우는 하얀 꽃상여에
젊음을 올린 할아버지도
남쪽에 휘돌던 소슬바람이
머릿결을 순백으로 덮으려나

꽃술 닮은 속삭임까지
지는 꽃이 아쉬운 꽃송이만
외로운 날개 달고 속울음을 토해낸다.

단편적인 봄

서릿발 녹아들고
언 땅에 스며든 봄 햇살에
깨어나 눈을 뜨는 대지

얼어붙은 대지는
살랑대는 봄바람 불어
개구리 실눈 뜨듯이
서서히 고개를 든다

아지랑이 피어오른
양지바른 언덕에
떠돌이 노숙인 기지개 켜듯
가녀린 고개 들며 눈웃음 인사로

웅크렸던 매화꽃
긴 하품에
감싸 안은 속웃음을
풀어헤치고
침묵의 긴 시간을 꽃피운다.

야생화에게

따스한 봄볕 안고
산행하는 오솔길
살가운 삭풍에 맞서려고
낮게 넓게 팔을 벌린 야생화

개구리가 깨어날 때
찬 서리도 이겨내고
달려든 찬바람을 따돌린다

앙칼진 자태로
싸움질하는 찬서리
존재감 보이려 일찍 피느냐
삭막한 길이라도
길손은 즐겁다하건마는

가득한 미소 서성이는
아침 햇살에 더듬는 기억
따스한 햇볕이 좋아
부푼 꽃망울은 가슴 설렌다.

납월 홍매화

삭풍에도 연분홍색 곱게 피는
곧은 절개 고결한 마음
차가운 추위도 감싸 안으며
입춘 앞에 환한 미소다

봄을 잡지 못한 눈보라와
시샘하는 강추위가
귀한 대접 받는 여섯 그루
눈보라에 꽃을 피우는 설중매*

봄이 부러워 뛰어든 향기
소문을 잠재우려는 매화 의지
눈보라 찬바람 속에도

설한풍에 결백으로
봄날을 구걸하는 자태
낙안읍성 선종 사원 금둔사 사찰에
어김없이 피어난 납월** 홍매화

＊ 1~2월에 가장 일찍 피는 토종 매화
＊＊납월(臘月) 음력 섣달의 별칭(양력 1~2월)

오월

기다리는 아찔한 향기
실버들이 더할 때
수줍은 양 고개 흔드는
짙은 향기를 실어와
속앓이처럼 신록이 깊다

한낮의 햇살은
여유롭게 쏟아지고
구름발치 햇살에
나르는 향기는
끝없이 부는 삭풍을 이기고
향기 짙은 꽃송이 진동한다

뒤집어쓴 음습한 곳에도
햇살의 발걸음이 빨라지고
버려진 뜨락에
날 새워 우짖는 향기들
손을 잡으며
오월이 꽃향기를 품어 안았다

바람의 심술에도
욕망은 끝이 없고

풍화되지 않는 가슴속엔
득음한 오월이
휘모리장단을 이탈하여
꽃들의 잔치가 볼만하다.

화들짝 초봄

꽃샘바람 부는 날에
비가 내리고
오십 년 만에
찾아든 강추위

오는 봄 화들짝
움츠렸지만
계절은 내의를 벗어 버리고
옥양목 깔고 나들이 가던 날

양지바른 연못에는
갓 태어난 어류 떼 잔물결에
애꿎은 키조개 길을 내는 나들이
새봄을 갈구하는 미물이

가랑눈 바람 따라 날리는 날에
동백꽃 따라 웃고 있지만
매화꽃 초라한 눈웃음으로
동무하자는 얄미운 설한풍.

매미의 무대

종잡을 수 없는
초복 하루 전날
순창군 강천사 찾으니
폭포수 아래
무지개가 뜰 것 같다.

철이 빨라서일까?
목이 쉰 듯한 매미 소리
땅속에서 보낸 5~7년을
매미는
유충을 탈피하고 남길 것인데

30여 일의 황홀함도 맛보고
노래도 들려주며
짝을 찾기 위해 처절한 소리로
마지막 목숨을 쏟아낸 반란

무더위에 키우는 애잔한 소리
때로는, 개미나 거미에게 생을 바치며
긴 탄생인지 짧게 우는 노래인지
한 달 남짓 생이 구슬프게 젖는다.

금사정 동백

목포 앞바다에 불어오는 봄바람
강어귀와 둑이 길을 막아도
기묘사화 구명 상소의 뜻을
알리려 영산강변 따라 달려온다

선인들의 숨결이 도도히 흘러
열한 분 유생의 상소문에 배인 조상의 얼
고향 땅에 낙향하여 타오른 태양
결백으로 심은 동백
그 시절의 곧은 절개 표상으로 자란다

죽산보가 가로막아도
물길 타고 오는 봄이기에
애절한 마음을 알았는지
부챗살로 뻗은 동백의 정경
반구형 되어
여인의 슬픈 사연 전설처럼 피어난다

태학관 유생들과
정암의 구명을 상징하는 금사정 동백*
오백 년의 숙명을 금사정에 묻었다
그 우직함에 붉게 타는 눈물 흘리나니

선현들의 울컥함이
제 몸 살라 붉게 피어나고 있다.

* 나주시 왕곡면 송죽리 금사정 동백나무(천연기념물 제515호)

수련화 단상

봄이 깊었나 보다
개구리밥 연못에 초봄이 부쩍 자리 잡았고
생태공원 수면까지 초록들이
제 입을 벌리고 활짝 뻗었다

연못에 가득한 수련잎이
빗소리를 연주하고
뱃놀이하는 개구리가
수련잎을 베고 누워 세상이 여유롭다
몰아치는 비바람이 넘친다한들
건성건성 디뎠는지 잠기지도 않는다
한여름이면 빨갛고 하얗게
연못을 메운 큰 고랭이들이
가끔씩 개구리처럼 뛰어내리지만,
개의치 않고 물속으로 잠긴다

붉은 꽃, 하얀 꽃 틈새를 비집고
수련과 물새들이 결혼식 올리는지
마음속 사랑놀이가 즐겁고
날아든 원앙들도 한가롭다

원앙이 사랑에 질투함인지

찾아든 두루미가 호수를 지키고
봄에서 여름까지 피워낸 수련화는
나를 잊지 말라는 말씀만 팔랑인다.

봄은 기다림이다

입춘이 지났는데
끈질기게 코로나가
우리 곁에 살고 있다

지난가을에 뿌린 보리는
오십 년 만의 강추위와
살벌한 눈 속에 서도 기력을 다하는지
창백해진 얼굴에도 잘도 버티고 서 있다

하얗게 잔설이 세상을 덮어도
까치는 보금자리 준비에 여념 없고
눈 속에 보리는 절기를 계산하며 숨죽이고
봄이 오는 신념으로 꿈을 꾼다

잔설이 녹아 흐르는 시냇물 소리에
버들강아지 움이 트는 소식에
코로나도 움츠러들기를
오매불망 그런 날처럼 기다리는 중.

배달된 초봄

살갗에 부딪히는 바람이
햇볕을 등에 업고
집착하며 걷는 길
새싹의 운율이 들려온다

느끼며 만져진 햇살에
들어 올린 발굼치
수줍은 듯 구름 속에
슬며시 몸을 낮춘다

흔들리는 나뭇가지에
달려온 봄바람
달라붙는 머리카락 날리며

일렁이는 꽃샘바람이
배달하는 봄소식은
햇살을 만나 어기적거린다.

신축년의 봄

그 한기 으슬으슬함이
바람에 등 떠밀려
벚꽃을 흩날렸을까?

벚꽃이 지고 나니
흐드러진 이팝나무꽃이
이판사판 하얗게 피어났다

눈을 돌려 훔쳐보니
우리 누이 시집갈 때
장롱을 해준다던 오동나무꽃

찾는 사람 없다 보니
피어난 꽃 성급하게 내몰리며
화창한 바람이 부는 산천에서
우리 눈은 즐겁게 웃고 있네.

고사리 캐는 봄

가시가 가로막는 풀떨기
찔레꽃 더미 곱게 솟는
탐스럽게 올라온 여린 고사리

구~구~구 산비둘기 우짖는
무안군 해제면 봉대산 골에
콧속에 스민 향기도 마시며

반가운 산새들 소리에
지난날을 반추하며
헤집은 가시넝쿨 길을 막는다

아내가 좋아하는 고사리 채취에
봄 내음 흠뻑 취하며
명주바람 산 등에
고향냄새와 어머님이 웃는다.

오월의 사랑

행복한 사랑의 꽃송이
몸살 나게 검붉다
노랗다 못해 샛노란 질투로
오월의 하늘과 입맞춤한다

통제할 수 없는 아름다움은
피어나는 꽃의 무성음
붉은 출렁거림을 붙잡아 두기에는
수줍음마저 잃어버릴 것만 같다

눈으로만 간직하기에는
뒤집힌 두려움일까?
땅 위에 펼쳐진 사랑을
카메라에 포즈하며 담아둔다

행여나 어정쩡한 행복일까?
사랑이 식어도 감동이 되고
깊은 사랑은 추억이 되어
산들바람에 사랑으로 피어난다.

2

인생-당신을 사랑합니다

운명

맑은 하늘에 몰려오는 먹구름
따스했던 햇볕은 구름에 가려지고
구름 낀 하늘에서 천둥 번개 친다

준비 없이 맞는 비바람
네댓 사람이 한자리인데
전기 담당자가 따로 있는 전기실에서
당황하며 떨고 있는 담당자가 애잔해
그냥 보고 지나쳐도 되는 일에
관리도 안 된 조작봉*을 달라 하여
막 흰 물길 트려 했던가?

만물을 가리지 않은 비바람
낡은 우산 받쳐 들고
나선 사람 누구라고 구별인들 할 것인가

전기는 습한 것을 좋아하기에
오래된 공구 자루 타고
불결한 오물의 습기에 흘러
산화된 접속 전류를 트려 했을까?

인정사정없이 불결한 조작봉에 흐른 전압은

강하게 접지된 철재 문짝 닫자마자
오른손으로 수만 볼트 전압이 흘러
정신 잃고 떨어지니

몸은 갈기갈기 성한 곳이 없어
정황 모른 집사람만 몇 달째 고생길
생명은 부지했지만 장애인으로 전락
죽는 그날까지 통증에 시달리며 살라 한다.

* 쓰지 않고 오래 방치된 특 고압 수동 조작 봉
[2008년 2월 4일 전기 사고를 뒤돌아보며]

금릉*에서

정조대왕의 총애가 너무 깊어서였을까?
첫째 형 황사영 백서 사건에
18년간 금릉에 유배된 사연

알뜰살뜰 화성에 다져온 터전
천주교 포교된 남인출신으로
타고난 운명처럼 거처한 곳
금릉이 제2의 고향이 된 다산

화성의 성벽이 화려한 그날에도
남쪽의 유배지에서
억울한 사연 삼키며 눈물로 살아온 다산

사철 푸른 곳에 잔정까지
뼛속 깊이 다져놓은 실학의 굴기
정이 깊은 백련사 동백꽃이
그의 곁을 지키고 보살피며
삭지 않은 향기로 위로했으리

만덕호 깊은 시름 달래가며
강진만으로 달려온 바람
흑산도 정약전의 한 많은 사연

울음 같은 파도 타고 실려 온다.

* 강진의 옛 지명

사라진 눈물

몽롱한 정신이 돌아옵니다
분명 아픔은 전해오는데
손등도 손톱도 보이지 않고
눈을 뜨니

그 많은 아픔은 생각에 밀리고
눈물만 뚝뚝 떨어집니다
지난 육십여 년
나에 오른쪽 팔이 사라졌습니다

일어날 수 없는 환자용 침대
목 아래 주렁주렁한
수혈 주머니며 링거에서
대동맥을 빼끔거리는
주삿바늘이 과부하입니다

후회해 보아야 달라지지 않는 현실
아내의 눈망울만 부어올랐습니다
나도 모르게 흘리는 눈물
흘러도 흘러도 주체할 수가 없습니다

가족들의 염려들이 몇 겹으로 뒤엉키고

내 몸은 침대 채로 옮겨가지만
살아 있음에 감사하면서
통한의 슬픔만이 가슴을 채웁니다.

추억의 고향

명절에 찾은 고향
옹기종기 모인 집들은
헐렁한 바지처럼 자리 잡고
멍한 기억 저편에 포실하다

그 옛날 초가집은
시간에 지쳐 변해 버렸고
달라진 고향에는
같이 뛰놀던 친구도 소식이 멀고
마음만 잠시 고향에 머문다

접어둔 그리움에는
소 몰고 뛰놀던
기억 저편의 세월이 아련한데
하늘을 떠받친
고향 산과 들녘은 몰라보게 변했다

뛰어놀던 그 자리가 사뭇 그리워
애써 지우려 해도
정자나무 아래 정각에
여운이 구름처럼 떠돈다

기억에 서린 향수는
그리움의 나이테에 똬리를 틀고
추억은 한 줌의 빛으로
옛 정취만 덩그러니 시심으로 파고든다.

선망의 대한민국

코와 입을 막고 만남을 차단하는
불안과 죽음의 공포를 일으킨 그 정체
우한에서 발생하여 경제를 얼어붙게 한
코로나바이러스 전쟁 중에도
선방한 자랑스러운 대한민국

새해 들어 눈보라에
수십 년 만의 극심한 추위가 왔다
저 눈보라가 봄 가뭄 해소하고
산불 피해 막는다면
팔천삼백억 원의 날씨 경영 가치로 평가된단다

이백 오십여 국가 중
백구위의 동강난 작은 나라
세계 1위의 삼성 메모리 반도체가 있고
영화'기생충'으로 유명해진 봉준호 감독이
칸영화제에서 3대 수상과 심사위원장을 맡았다

2010년 밴쿠버 동계 올림픽 금메달로 출발
세계 신기록만 11회를 달성한 피겨여왕 김연아
세월의 면류관의 환희를 기억하며
토트넘 순위 백호 골을 넘긴 손흥민

세계 LPGA 대회에서 연속 3회 1위를 달린 박인비
2018년에는 박성현이 1위를 달성했다
창공의 꿈은 세월에 맡기고
자랑스러운 기억들이 축제처럼 펄럭인다.

당신을 사랑합니다

결혼이라는 두 글자로
수많은 지인의 박수를 받고
혼인 서약한 우리 사랑
어언 홍옥혼식이 다 되도록
온정으로 온갖 희생을 해준 사람

얼굴만 봐도 내 성정을 알아주고
음성의 톤에 따라 기분을 알아
내 마음속을 살펴주는 사람

어려움을 이해하고
고생을 밥 먹듯 하면서도
1남 2녀의 뒷바라지 도맡아가며
헌신 속에 사랑을 아끼지 않은 사람

내 생이 다하는 날까지
그 보답을 어떻게 해야 할지…
모진 고초를 이겨내며 오늘날까지
나 한 사람만 믿고 헌신해온 나의 동반자

생사를 넘나드는 불의의 사고에도
당신이 곁에 있었기에 이겨냈습니다

당신의 희생과 사랑
다듬질로 살아온 인고의 세월
바람에 긁힌 멍든 내 가슴에
당신이라는 지지 않는 낮달이 떠있습니다.

망월동의 소망

민주화에 멍든 상처
치유되지 않은 아픔은
항거할 수 없는 부메랑으로 되돌아온다
세월의 망망대해로 밀려오는 애달픈 물결
그날을 상기한다

잡초는 무성하게 자라고
세월은 면류관도 시들게 하는데
언제나 억울한 죽음의 먹구름 거칠까?
쓰라린 눈물을 타고 봄바람만 서성인다

상처의 응어리가 아물 순 없겠지만
폭력의 난파선에 내몰린 죽음을 넘어
세상을 향해 불어오는 자유의 바람
그날의 진상규명만이 치유의 길이다

뒤돌아보면 통한으로 쌓인 층계
망월동에 떠도는 그 한
잊지 못할 그 역사.

일기

한 발짝씩 걸으며 40여 년의 긴 세월
한 달이 하루 같게
여백마다 빼곡히 기록해왔다

질곡 같은 혼돈을 사르며
그제가 어제 같고
어제가 오늘 같은
나의 하루하루를 끼워 넣는다

특별한 날엔 예쁜 옷도 입히고
때로는 ※표도 달아 가며
까맣게 잊은 훗날에 기억하려고

머리 싸매고 일기장에 메모하던
낙서 같은 일기가 이리도 유용하다니

지난 시간을 틀 속에 밀어 넣고
때로는 수수께끼 같은
더듬질도 해보지만
일기는 여전히 선명한 기억이다.

역류하는 추억에

모두가 빠끔히 눈만 내밀고
아버지 뒤를 따라가던 어린 시절
눈보라가 앞을 가리고
옷깃에 고드름이 서걱거린다
푹푹 빠지는 눈길을 걸어서
영산강 들바람에 뒷걸음질 치며
할아버지 제삿날에 찾은 영산 신기마을

국도 1호선 평산교에서
기억을 찬찬이 살펴야 보이는
강산도 여섯 번이나 변한 시절
쉬어간 열녀각이 그 옛날을 말해준다

외아들은 참전 전몰자가 되고
아들과 남편을 잃은 설움에
지친 큰어머니 주름진 눈망울
1남 4녀의 자식들은 두셨지만
오롯하게 우리를 기다리신 큰어머니
기억의 연무 속에 모습은 희미하지만
새로 뚫린 영산마을 국도를 지나칠 때면
그 옛날 눈보라 치던 겨울을 잊을 수 없다

지난날의 추억은
시간의 서성임과 애틋한 정을 불러내어
그 시절로 역류하는 할아버지 제삿날.

＊ 대한 추위 때 제삿날의 추억

벽화에 일몰이

살아가면서
좀 더 특별한 대우를 받자고
평범한 곳의
비범함이
명치끝에서 역류하는 날

먼동이 틀 무렵까지
존재하는 화두는
밤새워 물 긷는 달빛 같은 것

숙명은 타고난다지만,
겁 없이 살아온
나는 바쁘고
바뀌는 것들과 맞대면하여
죽음 직전의 삶을 살아갈 뿐이다

계속하던 사업에
수많은 재산을 날렸다 한들
두렵거나 겁먹을 필요는 없다
현실은 장애인이지만
살아있음에 무한 만족하고

남은 생은 쉬엄쉬엄 걸으리라 생각하면서
개밥바라기의 광명을 응원하는 저녁시간
팍팍하지만, 시 한 편을 그리워함이여.

낭만으로 가는

세월은 비움일까?
허욕과 허상의 갈증을 비워내니
하늘도 푸르다

뱃속이 가득 차면
생의 무게도 가득하다
사는 일이 번뇌라
이제는 내려놓아야 할 시간

흘러오는 풍경 속으로
무거운 짐 버겁다
이제는 정상에 가까워지니
구부능선에 내려놓아라

붉은 빛 저녁노을의 시간
단풍처럼 곱게 물들어야
관객의 박수를 받으리
노을 길은
비우고 가볍게 가야 할 길

부익부는 쓸데없고
빈익빈은 낭만의 길이기에

빈손으로 온 길
가볍게 돌아가는 길
삶 속에 낭만의 미소가 떠오른다.

대재앙이 된 삶

경자년은 피폐한 시간
격리되어 불편한 일상은
우한발 코로나바이러스 때문
시대의 과학도 못 밝힌 두려움

지난해의 기나긴 재앙은
살아가는 틈새 속에서
인간의 정까지 갈라놓으며
뭉치면 죽고 흩어지면 사는 희귀한 질환

신축년에 또 장벽이 될까?
만물이 소생하듯 백신을 개발하고
거리 두기와 마스크로 무장하면
폐부에서 재앙을 지켜낼 것

고뇌가 따르는 삶일지라도
우리나라는 세계 두 번째로 적은 사망자
치료하고 질서를 잘 지키면
쓰러져 가는 나무도
꿋꿋하게 다시 서리라.

컴퓨터의 반란

책상 위에는
지난해 구매한 신형 노트북 한 대
책상의 중앙에 앉아서
습관처럼 누르는 키보드

사유하며 메모했던 글을 옮기려는데
메일의 비밀번호가 틀렸다 한다

많은 시간을 허비하고
프로그램 점검을 진행해도
모니터 혼란은 가중되고
참다못해 강제로 전원을 차단해도 묵묵부답이다

사유에 들뜬 시심의 엇박자 때문일까?
욕심을 비워야 정신이 드는 것일까?
라파엘로 자화상처럼
꾸밈없이 돌아온 내 모습에
성깔 부린 모니터가 정상으로 구축된다.

아곡의 백비*

장성군 황룡면 금호리 산 33-1에
글자 없는 비석 하나
높은 벼슬 수많은 관직에도
부모에 대한 공경과 효심이 너무 깊어
받기 힘든 삼망 후보도 마다하고

노모를 위해 외직도 버리고
고부 군수, 나주 목사로 부임했다
청백리, 명신으로 남은 마음

무량무변을, 무음 무심을
폐부에 묻고
벼 한 섬도 못 되게 남기고 떠난 선비
비에 글이 없는 무서 백비는
전라남도 기념물 제198호로 지정되었다

사후 250년이 지난 후에
하서 김인후 선생께서
백비 곁에 찬하여 시호를 청해
비석을 세워 그 사연 전해져 온다

38여 년의 관리 생활하면서

재상의 직책에까지 이르렀으나
집 한 칸 없었던 청백리
삼망을 훈련시킨 박수량 선비의 흔적
오늘도 백비는 달빛처럼 청백리를 밝힌다.

*백비: 조선 중기의 문신 박수량의 비석, 아곡은 박수량의 호

천년 나주

담양 용소 발원지에서 떠나
도도히 흐르는 금강이 되어
나주평야를 적시며 한반도*를 그린다

벌, 나비 홍정하는 유채꽃 피우며
승촌보에서 죽산보 가는 자전거길
영산포에 실려 온 강변의 홍어 축제
황포돛배 유람선 축제에 쉬어간다

25년에 걸쳐 복원한 사대문
태종 4년 때를 재현한 목사골
동헌 정문에 들어서면 금성관이 늠름하고
향교에 서성문, 남고문 등 역사의 등불
나주 곰탕에 홍어 술안주, 금성관 객사에 쉬어간다

천주교의 움을 틔운 정약전과 정약용
마지막 밤을 묵어가던 나주 율정점
정약전은 흑산도로
정약용은 강진으로 기약 없이 헤어졌다

압해도를 시작으로 안좌, 비금, 도초, 자은
모두가 예전에 나주목에 속한 섬들

천 년의 나주목은 인연 깊은 고을
완사천 중매쟁이 세월은 흘러도
혜종 임금이 10일간 머문 도읍
뒤돌아본 영산강 물굽이 변함없고
인정이 넘쳐나는 천년 목사골은 역사의 자랑.

* 내려다보면 남한 전도를 형상화된 동강 느러지

사부곡

가진 것 없고 가방끈이 짧은 당신
자연에서 길을 찾는 근면한 삶을 위해
이슬길도 털어가며 우시장 찾아
살림 밑천하시며 힘겹게 사셨지요

홍수로 쏟아진 자갈밭을 일구시고
박토를 문전옥답 만드신 당신
힘에 부치면 농주에 피로를 벗으로 삼고
일군 땅 지켜 내신 근면한 아버지

젊음을 불태우시며
일본 탄광 모집에 자원해 가셨으나
고통과 굶주림, 모진 학대에 못 견뎌
감시망을 초죽음으로 탈출하셨지요

가진 건 없어도 양심은 바로 쓰라며
자나 깨나 일깨운 가르침
지난날 궁핍한 환경으로
우리 칠 남매 문교부 혜택은 적었지만

정의와 성실과 근면으로 중무장된
아들들의 우애가 자랑이셨지요

살아가는 길에 이정표를 주신 당신

아버님 사랑합니다.

양심을 찍는 카메라

사람들은
자기 방식대로 살아가면서도
머리에는 여전히 잘못으로 가득하고
그러면서 법 없이도 산다고들 말하는데

자동차 운전석에 앉을라치면
곡예의 광풍이 진동하는지
지지 않으려는 전진에다
등수 없는 경주가 지금 시작 된다

앞질러 가는 자동차나
막춤 동작에 분풀이로 울리는 경적
궤도를 이탈하며 앞지르기를 감행한다

달리는 도로변에 카메라가 있으면
인고의 찰나마저 빗장 지르고
양심의 그곳만을 조심조심 지나쳐 간다

버릇이 습관처럼 반복되는
힘겨루기의 세상에
저마다 잃지 않겠다 초심을 벼르지만
순간에 모든 것은 사라지고 말아
남겨진 자아만 양심을 걷고 있다.

장애의 길

살다 보니 한쪽 팔을 잃었지만
환갑 전까지 정상인으로
당신과 똑같이 살아왔으니
마음만은
똑같은 사람으로 보아주세요!

비록 지금 한쪽 팔이 사라져
장애인이라는 지울 수 없는 멍에를 졌지만
멀쩡하게 살아가는 사람입니다

뜻하지 않은 사고로
몸이 조금 부자유스럽기는 하지만
마음만은 부족함이 없습니다

동정의 시선을 어쩔 수 없지만
도움으로 사는 장애인이 되기보다
떳떳하게 살고 싶습니다
그대의 지워지지 않은 눈길에
북풍받이에 서있듯이 가슴이 시립니다.

정찬열 시인의 시낭송 감상하기 1

제목 : 가을로 가는 채찍
시낭송 : 박태임

제목 : 가시버시의 그늘
시낭송 : 박영애

제목 : 가난의 푸념
시낭송 : 장화순

제목 : 외손녀의 돌날에
시낭송 : 박영애

제목 : 심연의 일상
시낭송 : 최명자

제목 : 시월의 끝자락
시낭송 : 최명자

제목 : 사모곡
시낭송 : 최명자

제목 : 만추의 배웅
시낭송 : 최명자

제목 : 매화꽃 필 무렵에
시낭송 : 박영애

제목 : 나비의 묘비명
시낭송 : 박순애

제목 : 깨달음의 삶
시낭송 : 김지원

제목 : 살아간다는 것은
시낭송 : 박영애

3

자연-무등산 초록만월

영산포 선창

여덟 살적 토끼 걸음으로
엄마 따라 사십 리 길
부푼 꿈 안고 난생처음 찾아간 영산포 선창

내륙 천변 등대는 불 밝히고
갈매기가 날아다니듯 펄럭이는 오색 깃발
섬처럼 떠 있는 통통배
대교의 난간을 부여잡고
까치발 세우고 넘겨다본 푸른 강

조기며 갈치며 홍어 상자가 분주하고
싱싱한 비린내가 발목을 잡았지만
그래도 싫지 않던 영산포 선창

강 건너 내영산은 갈탄 냄새 풍기고
떠나는 완행열차 기적소리는
강물 소리에 섞여 흘렀다

난간을 붙잡고 파수꾼이 된 나에게
붕어빵을 사준다며
꾸러미 달걀 팔아 손짓하던 선창

어머님의 미소가 비단처럼 부드럽던
화교들의 비단 가게

60년 전 추억이 뱅글뱅글 맴도는
영산포 선창.

무등산 삼지닥나무

찬 서리에 고개를 숙이고 있습니다
줄기에 마른 잎이 달린 채
쓸쓸히 서있지만
부활의 맥이 뛰고 있습니다
가슴속에 삭히지 못한 사연 있어
애잔해 보이지만
소생의 하얀 느낌표를 찍고 있습니다

들리는 폭포수 낙차 소리에 득음 중입니다
꿈꾸듯이 고요한 성지에
억눌린 것들이 다소곳이 풀어집니다

나의 미래는 하얀 꽃송이에
속이 노란 꽃술이 선연합니다
당신께 향기로 다가가는 것은 나의 은총입니다
그 향기에 녹아
당신의 연서를 쓰는 종이가 되기 위해
조용한 산골 노래하는 물소리에
나는 팔을 벌려 키를 키웁니다

물소리를 위안 산아
고난과 추위에도 버티는 것은

사생결단으로 준비된 믿음 속에
당신도 모르게 당신 곁에 꽃피기 위함입니다

한 생의 간이역에서
찬 서리 녹여주던 햇살의 따스함이 있어
움막 같은 바위틈새 바람막이로 서서
머지않아 푸른 외투를 걸치렵니다.

풍암제 장미공원

봄바람에 실려온 찬란한 계절
콧속을 자극하며 향기를 뽐낸다
갖가지 장미꽃의 우아한 매력에
해마다 찾아가는 풍암제 장미공원

우아한 자태에 눈을 떼지 못하는데
순간을 잡아채지 못하는 향기의 메신저
눈치를 살피며 꽃 옆에 서보지만
수줍음에 고백을 망설인다

눈을 감싸고
사철나무 속에 얼굴을 묻기도 하다가
화병에 우아하게 앉아
열렬한 고백에 사랑의 주인공이 된다

장미는 중요한 순간마다
주인공 가슴에 안겨 환희와 즐거움을 주고
힘들어하는 병상에
못다 한 위로를 말없이 전해주는 꽃

오월에는 여왕의 자태를 뽐내는
고혹적인 모습에 너나없이 유혹당한다

흔들리는 물결에 윤슬이 축제처럼 반짝인다
사랑의 향기에 울적한 마음 다 털어낸다.

자미화 연서

차창 밖을 바라보면
연서를 띄운 붉은 천지

선산에 귀신 쫓던 나무가
지천에 번성하여
꼬박 백일을 물들이고 간다

잊히는 방식은 모두 다르지만
너도나도 꿈을 꾸다 붉게 피어난다

초여름 겹잎으로 깃을 세운
연정에 붉은 볏이 돋는다
나무가 푸르름을 더하니
단정하게 꽃잎을 펼친 자미화
송이송이 붉은 연정이
일일이 고백이다

부지런한 농심과
끌어안은 꽃이 연서를 띄운다
지켜낸 사랑이 진정 백일이려니
도로변 가로등도 고백 중이다.

연분홍 사프란

매미들 합창에
시원한 냉기가 머리칼을 스치고 지나간다
그늘을 찾아 걷는 입구에서부터
사프란이 반갑게 맞아준다
드문드문 밀어올린 꽃대궁
열기가 줄어들수록 꽃은 빛을 발하고
꽃대로 밀어 올린 가을이 머릿속을 배회한다

작열하던 열기가 시들해지면
머지않아 붉은 웃음으로 활짝 피어날 것이다
참사랑이라면 미래에도 여전할까?

때를 알리는 고매한 가을의 꽃
머지않아 폭포수처럼 떨어질 단풍잎
낮달처럼 아득한 것들

꽃말이 즐거움과 지나간 행복이라니
지나간 행복도 추억 속에서는 즐거울까?
머릿속을 채운 추억을 털어내며
이루지 못했던 한 시절
아름다웠던 사랑이
소리 없는 그리움으로 꽃잎에 떠돈다.

칡넝쿨의 군림

보릿고개 시절 음력 이월 초하룻날이면
아버지는 산에서 칡을 캐 오셔서
낫이나 작두로 잘라주셨다
입안에 씹히는 녹말의 달콤함에 허기를 달랬다

오늘날 칡은 한의원에서
갈근이라는 한약제로 귀한 몸이 되었고
숙취와 항암제 폐경 치료에 쓰인다

칡넝쿨은 자원이 부족할 때 가축의 사료로 쓰고
춘궁기 때 새순을 먹기도 하고
칡 줄기로 바구니며 닭장도 만들었는데
이제는 풍족한 생활이 그들을 내팽개쳐 두니

벌초를 하면 뿌리 내려 또 한 개체가 되고
쾌재를 부르면서 분가해나간다
무소불위로 만만한 나무를 감고 기어오른다

꽃 피워 물씬한 향기로 유혹하고
초가을이면 콩처럼 열매를 맺어
줄기 마디나 씨앗으로 왕성하게 번식한다

초근목피 시절 보릿고개를 풍미했지만
궁핍이 떠나니
쭉쭉 뻗어 나가는 칡덩굴은 향기로운 칡꽃 만발이다
우리의 GDP가 오르고 아무도 찾지 않으니
나무와 숲에 군림해서
결국 나무와 숲을 죽이는 한숨이 되어버렸다.

사성암에 오르니

수도하는 선승처럼 절경인 사성암
순환 버스를 타고 오르니
사백 고지 암벽에 매달리듯 자리한 약사전
네 분의 고승이 수도한 사찰이다

험준한 산길을 힘들게 올라
경치에 마음 뺏기고 서성이다가
약사전 마애여래입상 앞
숙연해진 마음에 두 손 모아 합장한다

경자년 팔월 초 섬진강 수해 때
사성암으로 대피한 소떼 담긴 플래카드를 본다
십여 마리 소떼가 길 따라 올라왔다고 한다
어린 왕자와 심우도尋牛圖*에 구원 기도했을까?

좁다란 산책길 바위틈새 지나
알루미늄 계단 따라 전망대에 오르니
담쟁이덩굴은 암벽을 덮었는데
2월의 찬바람이 등속으로 파고든다

대웅전 요사채가 장관이고
스피커에서 흘러나오는 염불 소리

애절한 곡조가 나그네를 위로하는데
한 많은 사연에도 섬진강은 무심히 흐른다.

*불교선종에서 인간의 본성을 찾는 것을 소를 찾는 과정에 비유한 선화

영상 통화

휘파람 소리로
걸려온 전화벨 소리
거실에는 전등을 밝히고
부르는 소리 있어
양치를 하다가 달려간다

한 돌이 갓 지난 반가운 음성
이름을 부르며 화면 속을 더듬는다
쌩긋한 웃음으로 답하고는
아장걸음 부끄러움이 걷고 있다

휘파람으로 입모습 그려내고
거실 내에 차려진 잠자리에서
여덟 시간을 깨어나지 않던 녀석인데

건네주는 막내딸네 외손녀와
틈틈이 주고받는 영상통화
피어난 봄 햇살만큼 밝아지면서
핏줄의 살가움에 마냥 젖는다.

* 돌 갓 지난 외손녀와 영상통화를 하고

베란다에 피는 꽃

그동안 애지중지 기르던 베란다의 화분들
십삼 년 전 한쪽 팔을 잃은 충격으로
관심이 멀어진 만큼 쇠락해간다
내 상처만큼 굴절된 화분들
관음죽, 군자란, 꽃 선인장
어렵사리 버티는 꽃들이
안타까운지 아내가 관리한다
정성만큼 꽃을 많이 피운다

푸른 길 걷다가
길거리 꽃을 보며 사자고 한다
잘 크고 꽃 잘 피는 주황색 제라늄
나는 입으로 아내와 함께 분갈이한다

폭풍 뒤의 잔해처럼 앙상하던 베란다 꽃밭
집사람의 정성만큼 싱싱해진다
영양 주사액도 꽂아주니 꽃이 더 예쁘다

절기별 시기별 물주기도 알려주고
가끔 사들여 꽃들이 늘어난다
아내의 정성으로 베란다 꽃 단지가 아름답고
화양연화로 집에서도 눈이 즐겁다.

마량항 수산시장 횟집에서

강진 마량항에 몰려든 고기들
일정한 시간에 경매가 이루어지고
관광객이 북적이며 토요시장 찾는다

즉석에서 흥정하면
알아차린 듯 발버둥쳐 보지만
단칼에 맥이 잘리고 횟감으로 변한다

철 따라 횟감이 다르지만
한로가 지나고 찬바람이 불어오면
광어, 돔, 농어, 우럭,
인심 후한 식당 주인 부지런한 손놀림에

9만원에 성인 일곱 명이 실컷 먹는다
단숨에 포가 떠진 횟감
탕거리 손질은 사모님 차지
맛이 좋은 탕이라며 게며 가리비도 서비스한다

상차림 식당에 가족이 모여
회로 실컷 먹고
먹고 남은 횟감을 지리 국물에 넣어
네 가족의 배를 채운 마량항 수산 시장.

아카시아

초록으로 물들인
초여름 산야에
짙게 드리운 아찔한 향기
하얀 물보라 거품으로 부서져 내리며
벌들을 불러들여 꿀 곡창을 내어준다

황폐했던 산야를
푸른 산으로 만들어준 강인한 생명력
아카시아의 우정으로
보릿고개 시절 꽃을 빨며 배고픔도 달랬다

왕성하던 번식력도 제풀에 꺾여
말 없는 속병에 서러움만 가득하다
자작자작 부르던 그 노래
"동구 밖 과수원길 아카시아꽃이 활짝 폈네."

세속에 미련 없이 행복을 주는 나무
그리움을 풀어내는 향기로
청춘 남녀의 사랑을 묶어주고
황폐한 우리 강산에
푸른 물결 남실거리게 해준 나무
아카시아.

산골 저수지 낚시

늦은 봄날
맑고 바람 불지 않은 늦은 오후
산 그림자 드리워진 산골
어둠이 찾아든 고향 저수지

검은 옷을 두른 높은 산이
물속에 몸을 담그네
하얗게 피어난 산 벚꽃도
산꼭대기 이름 모른 나무도
목욕하러 왔나보네

장난기가 발동하는지
꽃과 바위 모두가
선녀탕에 거꾸로 박히네

낚싯대에 야광 낚시찌 꽂아
벚꽃을 잡으려는데
하늘도 초승달도 샛별도 함께 물리네

지나간 옛 추억도 물속에 잠겨
낚시찌를 바라보니
은하수에 빠져 웃고 있는 얼굴들

밝게 빛나던 개밥바라기별도
찌 사이에 일렁이네.

무등산 초록 만월

-무등산 수박

국립공원 무등산
8, 9월에 뜨는 달은 둥근 초록이다
달은 그곳에서 초록으로 자란다

가사문학관 부근 농부들의 정성으로 크는 달
짙푸른 타원형의 무등산 달덩이

조선 시대 이곳에 뜨는 달은
특수한 토질인 삼백 미터 고지에서
3년 만에 큰마음으로 꽃 피우니
한 그루에 한 덩이만 정성껏 키웠다
비타민이 풍부하고 citrine이 함유되어
암과 주독, 신장염에 좋다고 한다

코로나가 전염될까?
축제는 생략되었지만
늦게 떠오른 둥근 초록 달은
청정 무등산 금곡동 공판장에서만 판매하며
예전엔 임금님께 진상품으로 올려졌다.

봉황 미륵 불상

봉황새를 표상하는 면
철천리 산 124-2번지 덕룡산
554년 연기조사가 세운 창룡사
장구한 역사의 바람을
간직한 5.38m 석재불상이 서 있다

솔향 감싸 안은 나지막한 산등성이
천국을 지킨다는 빛바랜 세월
미륵불상 보물 제462호와
마이애미 칠불상 보물 제461호

고려 초로 추정되는 석재물은
이끼 서린 세월의 바람결에도 요지부동
미륵사의 전설을 간직하고 있다.

붉은 연정을 품은 배롱나무

설핏 안아주듯 얽힌 가지
매끈하고 청결한 고운 자태
간지럼을 먹이면
몸체로 흔들며 답례하고
붉고 붉은 꽃그늘로 감싼다

유교를 신봉하던 배롱나무
귀신 쫓는 나무라더니
선산과 사찰을 지킨다며
도금양목 부처꽃에 속한 나무
시절의 전설은 깊은 잠을 청했다

전설이 깨어나지 않아도
여기저기 피어난 꽃
헤어진 벗에게 선물 보내듯
마음 깊은 곳으로부터 연모한다

긴 세월 팔백여 년
부산의 양정동 연정으로 붉은 꽃
명소로 사랑받는
담양의 명옥헌 자미화 원림
군락지로 명성 깊은 장흥군의 송백정

붉게 피는 속마음이 풍류로 흐드러지고
백여 일을 피고 지는 사연 따라
동무하던 벼가 황숙기가 될 때까지
어깨동무 함께하여 알알이 익어간다.

메타세쿼이아 길에서

높은 키를 자랑하는 나무가 열병식을 한다
쌍둥이처럼 한결같은 모습이다
초병들을 만나
그들의 이야기를 듣고 싶다

암, 수가 따로 있고
서로 다른 아름다운 자태를 뽐낸다
세월의 이야기를 먹고 자란
우람한 광경이 실망도 좌절도 잊게 한다

그토록 푸르고 굳건한 나무
침엽수로 보이지만
늦가을에는 추억 같은 옷을 벗는다

훤칠한 키의 든든한 나무는
거리를 지나는 사람에게
아름답고 반듯한 기상으로 사랑받는다

굽어지거나 비틀림 없이
곧게 자라는 메타세쿼이아
나도 저렇듯 반듯하게
하늘을 우러르고 싶다.

백제 미륵사지

2월의 봄바람 따라 찾아 나선
우뚝 선 구층 석탑
당간 지주와 백제 석탑
옛 모습으로 복원된 역사 앞에 섰다

기둥 받침대며 기단석 옥개석 등
황등의 화강암이 메꾸고 채워
2015년에 유네스코에 등재되었다

정면 3칸 측면 3칸 뚫어 있고
639년으로 추측해서
재현한 국보 제11호 미륵사지에
불경을 설법하던 귀한 유물

복원을 기다리는 한쪽 풍경에
역사의 뒷자락을 떠도는 시간 여행
연못에 묻혀 버린 삼존불상

1370년 만에 백제의 역사가 돌아왔다
용화산 자락 아래 세상을 놀라게 한
9,947점의 유물이 발견된 석탑이 있으니
미륵사지에 내린 이른 봄별이 꿈만 같아라.

부모님께 바친 동백

고향 집이 보이는 마을 등
합장으로 이장해온 부모님 산소에
15년 전 형제가 심었던 동백나무 한 그루

그때 나는 병석에 누워
참석할 수 없는 입장으로 속앓이 중이었다
부모님 따라 옮겨와서
내 효심을 피우는 것인지
해마다 잘도 크고 함박웃음 짓는다

올해도 설이 되어
부모님 묘소에 성묘하려니
묘소 앞 동백꽃은
못난 자식에게 정을 쏟으며
붉은 눈물을 떨구고 있다

살아생전 못다 한 효도에
이장 때 뵙지 못한 눈물에
슬픈 가슴 여미며
산다화 뚝뚝 눈물을 흘린다.

동해안 부채길

천혜의 지각변동으로
동해안 탄생의 비밀을 간직한
천연기념물 제437호를 찾아서
정동 심곡의 동해 바닷가를 걷는다

썬크루즈 호를 닮은 호텔 앞
조각공원과 웅장한 해안 절경을 간직한 곳
한때 적의 방어를 위한 해안이었다

철거되지 않은 벙커와 철책 앞에서
동해에 잠든 세월을 낚는 강태공과
심곡항으로 걷는 2.8Km 거리에는
철재 계단과 튼튼한 데크길이 놓여있다

투구바위, 부채바위, 해안 단구, 하얀 파도
야생화가 아름다운 동해안 부채길
가파른 계단과 숨이 차는 오르막길
방파제 끝 등대와 심곡항 부두에서
동해안 방어선에 근무했던
지난 시절 노 해병의 추억 여행을 하였다.

정찬열 시인의 시낭송 감상하기 2

제목 : 덧없는 세월
시낭송 : 박태임

제목 : 도시 공가(空家)
시낭송 : 박태임

제목 : 애중의 동반자
시낭송 : 박영애

제목 : 가을 담쟁이
시낭송 : 최명자

제목 : 배달된 초봄
시낭송 : 최명자

제목 : 멍석에 넋두리
시낭송 : 박영애

제목 : 망월동의 소망
시낭송 : 박영애

제목 : 황혼의 길목에서
시낭송 : 김지원

제목 : 그리운 고향
시낭송 : 최명자

제목 : 신록은
시낭송 : 박영애

4

동행-연리지의 사랑

해무海霧

바람이 휘감던 겨울 바다
햇볕이 그리도 그리웠는지
해무에 갇힌 수만 년의 임자도
뱃길이 가르마처럼 시원하다

바다인지 육지인지 두툼한 장막
새롭게 개통된 연륙교에
가로막는 해무가 우윳빛이다

뱃길로 한 시간을 달려간 바다는
임자면 2단 연륙교가 마중오고
짙은 해무를 밀치고 그 섬에 가서

긴 백사장 튤립이 도열한 화원 앞
철석 이는 파도가
뱃고동 소리 울려 퍼지리
해무를 연주하는 모래사장에
이불처럼 덮어둔 해무가 두껍다.

※ 2021. 3. 19. 개통한 임자도 연륙교에서

연리지의 사랑

매일같이 보면 정이 드는 걸까?

태어날 때는 종種과 목이 다른 나무가
어쩌다 가까운 이웃이 되었겠지

처음에는 거들떠보지도 않았지만
밤이나 낮이나
매일같이 지켜보고 마주하니
어느덧 세월만큼 다가서고
서로를 알게 되었겠지

성가시도록 종주먹을 대는
바람의 중매에도
조금씩 마음이 기울었겠지

천둥 치던 어느 낮이었을까
비바람이 몹시 불던 어느 밤이었을까
무서워 꼭 붙들고 있다가 신방을 차렸겠지
그리움이 더하고 더하여
점점 더 가까워져
결국은 한 몸이 되었겠지.

무등산에 귀한 손님

코로나-19로 변경된 등산코스
아늑하고 쾌적한 무돌산 오르는 길
제방이 된 콘크리트 수원지
장벽처럼 웅장하게 버티고 있는 제방 옆
34년 만에 개방된 오솔길 따라 오른다

광주 시민들의 젖줄
생명수의 보고 제2수원지 옆길 따라
골짜기의 무당산 터를 보며
철조망이 수원지를 보호하는 곳
윤슬 반짝이는 물결에 옷깃 여민다

이끼 옷이 제철인 듯
너덜겅은 초록 스웨터 걸치고
계곡에 흐르는 물 따라
지그재그 징검다리 건너며
용추계곡 오르는 중머리재 오르는 길

간밤에 내린 서리에
인내로 고개 숙인 아담한 꽃송이
솜이불 잎자루는 팥꽃과 나무
잎 뒷면에 잔털 내의를 입고

밑을 향해 노랗게 핀 꽃받침
아담한 가지에 훤칠한
군무를 추는 삼지닥나무

돌계단 따라 가쁜 숨 몰아쉰다
조금만 더 오르면 당도할 이정표
용추 폭포는 "당신을 맞이합니다."
환영 명찰을 달았다.

가을의 여인 구절초

임실의 거대한 인공호수 옥정호
나무가 옷을 갈아입는 계절이면
아담한 산자락 임실군 운암면에
가을 여인의 비밀 향연이 펼쳐진다

울창한 소나무 이파리 사이로
햇볕의 따사로운 정기를 받아 피어난
어쩌면 달걀부침처럼 앙증맞은 꽃망울
아홉 마디를 품은 그 이름은 구절초

옥정호수에 물안개 밀려들면
소나무와 함께 어우러져 몽환에 젖는다
나풀거리는 가을 여인
백양단 치마에 노란 저고리
어릴 적 추석 명절 누님 생각이 떠오른다

만여 평의 어우러진 산책로에
미로를 걷듯 숲을 휘돌면
해는 어느덧 기울어져
붉은 노을 일렁인다

어머니를 닮은

순수한 가을 여인 구절초
코로나 19에도 여전히 출렁이는 모습 보니
슬픔이 하얗게 녹아내리는 듯하다.

남해 다랑이 마을

암벽능선 응봉산 등에 업고
바다를 옆에 끼고 꼬부랑길 돌고 돌아
눈이 즐거운 남해군 남면 홍현리 898-5

바다를 앞에 두고
남쪽 둔덕에 둘러앉은 언덕배기
백팔 개 층층 계단 육백팔십여 전답
안내판이 보이자
안내하던 이도 고개를 끄덕인다

하늘바라기 농토에는
그 옛날 부족한 물 때문에
두레질에 호미로 심던 다랑이논
내 어릴 때 아버지의 땀방울이 굴러 떨어진다

바래길* 따라 내려가는 길
코흘리개 도움 받던 꼬맹이는 어데 가고
철썩이는 파도 소리와 낯선 이방인만
스쳐가는 남해의 다랑이마을

어머니의 한숨 소리 맴도는 그곳에
수선화는 노랗게 흔들리고

유채꽃 치맛자락 속으로 계단밭이 숨는다
파도 소리 박자 따라 걷는데
'나를 생각해요' 로즈메리 향기로 다가온다.

* 바래길: 바다로 조개나 해초로 채취하러 다니는 길

상록수련원에서

늦은 밤 소란하던 수련원
울창한 노송의 맑은 공기 흠뻑 마시려
날이 밝자 밖으로 나갔다
녹음이 울창한 천안 상록 수련원

아침을 깨우는 뻐꾸기 소리
붉은 동녘에 떠오르는 아침 햇살
간간이 들려오는 수꿩 울음소리
까치는 깍깍 나를 반겼다

코로나로 만남이 어려운 시절
밀이 익어가는 오월 들판 한쪽은
온난화로 모내기가 벌써 시작되고
수련원 갖가지 놀이기구는 아직 취침 중

난생처음 찾아온 잘 가꿔진 수련원
숲속에는 산새들 지저귀고
시간은 제 발로 걸어 다니고
오솔길 솔향은 낯선 나를 환영했다

헤매듯 혼자 걷는 새벽 숲길
꽃 진 뒤 푸르게 맺힌 매실 열매

영글어가는 산책로
칠십 삼세 나의 생일
가족과 행복했던
천안시 수신면 장산리 상록수련원.

영산강 뱃길

태곳적부터
무등산을 삼각대 삼아
담양군 용추골에서 발원한
담양천의 본류는 광주천과 합류한다

화순군 동남쪽
봉화산에서 발원한 지류는
능주綾州천을 흘러서 지석천을 만들고

하얀 억새가 장관을 이루는
금천면 신가리 앞뜰 본류와 합류하는
2011년 4대강 사업으로 건설된
광주 남구에 자리 잡은 승촌보에 쉬어 간다

말없이 흐르는 역사의 한 줄기
풍요로운 나주평야 젖줄이 되고
황룡강 푸른 물은 영산강으로 흘러들고
서남해로 흘러가는 64km의 영산강 뱃길

강변에는 풍광 좋은 영모정永慕亭
임백호 풍류의 모태가 흐르고

왕건의 나주 해전에서
물줄기로 공을 세운 남포강南浦江*이 흘러간다

영산강에 황포돛배를 띄우고 떠간다
강어귀 둑 150km 장구한 영산강 뱃길.

* 南浦江 : 영산강 이름

선운사 가시연꽃

꽃무릇도 시들어가는 선운사 입구
잉어가 노니는 연못에는
제 몸을 지키려고 가시로 무장한
가시연꽃 연잎이 물 위에 둥글게 떠 있다

수면 위에 오를 때는
구겨지고 뾰쪽한 잎순이
둥글게 널따랗게 터를 넓히고
조금씩 세월의 주름을 편다
주름을 안고 태어난 연잎이 안쓰럽다

둥글고 움푹한 모습이
명절이면 가족들이 모여 윷놀이 하는 덕석*이다
곱슬한 자태를 물의 수평에 맞춰
더 잘 놀라고 둥근 파형으로 넓게 펼친다

가시에 둘러싸여 피어나는
순결한 적보랏빛 가시연꽃
동자 스님이 둥근 연잎 방석에 앉아
목탁을 치며 염불을 외우는 것 같다.

* 볏짚으로 둥글게 엮어 곡식을 햇빛에 말릴 때 씀. [방언]

배롱나무 꽃이 피면

무더위에 꽃 피우느라 몸살 났을까?
줄기 등 굴피를 벗어버렸다
한여름의 더위에 등목 하듯이
벌거벗은 등짝에 맨살이 눈부시다

손 흔들듯 펼쳐지는 붉은 꽃무리
떠나버린 벗이 그리운지
한 세월 피어있는 꽃의 무성음

붉은 핏빛 그리움 너붓거리고
수줍은 듯 불타는 볼따구니
지나가는 나그네 눈길이 뜨겁다

나. 어릴 적
매끈한 나무 등을 긁으면
잎이 떨려 간지럼 나무로 알았는데
이제 보니 부끄럼나무

붉은 마음 세 번 접고 세 번 피우며
떠나는 날짜 꼽았을까
벼가 익는다.

인동꽃 피는 해변

상쾌한 아침 공기 마음껏 즐기려
음지 비켜 양지로 걷는 해변
감아 오르는 넝쿨의 춤사위 사이
향기 찾아 날아다니는 나비 쫓는다

아침 이슬 머금고 피어나는 꽃
감아 오른 줄기에
하얗고 노랑 꽃술에서 향기 일어 손짓한다
걸음을 멈추고 돌아볼밖에…

오뉴월 햇살은 수줍은 색시
서성이는 아침 바닷바람은 신랑
봄의 향기로 보답하는 금은화
간밤에 굳은 마음이 쭉 펴진다

헌신과 사랑으로 강인하게 자라서
꽃을 피워낸 해변의 인동덩굴
꽃을 따서 빨아먹던 유년의 시간

한참 인동꽃을 바라보노라면
불현듯 떠오르는 민주화 대통령
못다 이룬 꿈이 깃들어
헌신적 사랑으로 피어나는가.

구절초 단상

광주 동구 충효동 생태공원
십사만 오천여 제곱미터
광주호 상류에는 왕버들의 자취
천연기념물 539호
지정된 나무 가족 후손들
단지 속 사이로 데크길이 놓여있다

호수변 버들숲 크고 작은 연못에
청순한 마음 수련화는 꽃이 지고
큰 개구리밥만 떠 있다

야트막한 동산에는
가을 여인 구절초가 구름처럼 피어
저물어가는 가을을 풍성하게 여미고 있다

푸서리 바람등에 환청을 앓는 꽃
통증의 간격을 스스로 좁혀 왔기에
푸서리 거친 시간에도
호수에서 부는 갈바람을 버들잎이 막아주어
우윳빛 해맑게 피어있다.

빈 집

주인 따라 가버렸나
붉은 기왓장
기와 떠난 담장 위로
휑하게 뚫린 구멍
그 사이로 소슬바람이 술래놀이를 한다

수문장이 된 감나무와
앞마당 한쪽에 서 있는
하얀 접시꽃 몇 그루
쓸쓸함을 달래려는가
층층이 환한 웃음꽃 피우고
파수병처럼 빈 집을 지키고 서 있다

무심코 바라보니
바람에 요리조리 살랑거리며
고개를 젓는다
마치, 당신은 주인이 아니라는 듯이

사라진 기왓장 틈새로
어제 내린 소낙비에 붉은 황토물이 흘러내려
허물어진 담장에 벽화를 그리고 있다

집주인은 어디 가고
일그러진 껍질만 버려졌을까?
주인을 기다리는 흙탕물 벽화
민낯이 부끄러운 도심 빈 집.

전신주

경제의 불을 지핀 전신주
네가 없는 시절
호롱불이 어두운 밤을 밝혀 주었지

온 들판과 도심의 거리엔
중요성만큼 많은 수가 버티고 서있다
높다란 전신주에 걸쳐진 선로
너의 배려에 세상은 환호한다

고종 때 건청궁에 처음 밝힌
백삼십일 년 된 문명의 금자탑
짐짓 잘못 다루다 보면
사고를 불러와 내 신세가 되지만

네가 전해준 덕으로
소리 없이 보이지 않은 문명의 이기에
문명은 발전되고 변화되어서
부를 자랑하는 나라가 되었다

경제를 키우는 높은 전압을 이고
사계절 변함없이 우뚝 서 있는 너
춥다 덥다
한 마디 불평도 않는 너, 전신주.

홍어 삼합

내륙의 깊은 포구에 등대가 자리를 튼 영산포 선창
영산도 섬에서 육지로 나온 영산도 어부들
옛날의 맛을 전해주는 잘 삭힌 홍어의 그 맛

이제는 오르지 못한 바닷물이지만
영산포 강변 홍어 1번지 횟집
막걸리에 홍어 삼합 안주 벗 삼아
매콤하게 톡 쏘는 홍어 맛의 진수
묵은 김치에 초장 옷을 입은 흑산도 홍어

얼마나 삭혀야 제 맛이 나는 건지,
나 어릴 적에 아버지는
오일장 영산포 어시장에서 사 온 홍어를
열을 품는 잿더미 속에 묻어 삭혔다

포구는 간 곳 없고 등대만 남은
유채꽃 어우러진 강변에
홍어 장인은 홍어를 숙성시키고
고단한 농사철 새참으로 나오는
막걸리 한 사발에 홍어회는 남도 제일의 맛이다.

담쟁이의 의지

제2 순환 도로변
깎아지른 벼랑 같은 담벼락을 감싸며
등반하듯 타고 오르는 담쟁이넝쿨
등줄기에 땀이 송글송글 맺힌다

햇볕도 들지 않은 척박한 환경에
차들이 씽씽 달리면
칼바람 차갑게 몰아치는데
자동차 불빛에 의지해
올라가는 걸음을 멈추지 않는다

행여나 놓칠세라
시멘트 틈새를 파고들며
까치발로 움켜잡고 암벽을 접수한다
담쟁이의 영토가 된 도로변 담벼락
한평생 넘어야 할 삶의 경주장이다

언제나 다리 펴고
따스한 세상을 살아볼 수 있을지
비록 보이지 않는 종착지일망정 멈출 수 없다

살다보면 좋은 날도 있는 것처럼

설빔 같은 색동옷 차려입은 가을이면
꽃보다 예쁜 붉은 잎사귀로
푸른 하늘 저 멀리 손 흔든다.

무등산은 알고 있다

사십일 년 전 무등골에는
민주화를 짓밟는 어두운 그림자가 드리웠다
왕관에 눈이 멀어 군을 동원해
폭력으로 불타올랐던 통수권자의 독재
떳떳한 척 추념탑 앞에 무릎을 꿇는 자여
1,187m 망루는 지켜보았다
단죄하지 못한 거짓과 변명을

자유의 수호신 무등산은 알고 있다
그런데도 진실을 발뺌하고
거짓을 옹호하는 방관자의 뻔뻔한 추태가 아직이다
그중에는 영문도 모른 채 죽음을 맞이한 이들도 많다

그날의 아픔을 되새기며
아직도 방황하는 무소외無所畏의 혼령
피해자들의 아우성
5.18의 잠들지 못한 혼령 앞에
울려 퍼져야 할 진실의 진혼곡
민주의 성지는 녹슬지 않았다

그때 그날의 저항을 함께 하지 못한 나는
나주호 상류에서 직무 중이었다

설마하며 이틀 후 광주에 당도하니
백운동 철길을 막아선 계엄군의 바리케이드
합류의 저지에 끝내 손을 들고
시내에 계신 큰형수님만
고향으로 모셔 오는 것이 전부였다

아~자랑스러운 광주시민이여!
정의를 앞세운 전라도 사람들이여!

미세먼지 기상도

이른 새벽 창을 열고 하늘을 본다
구름이 없는 날은 샛별이 더 빛난다
수많은 성진*이 유난히도 반짝인다
북두칠성을 중심 삼아 수많은 별이 촘촘하다

그 옛날 멍석 깔고 모깃불 피우고
멍석에 누워 쳐다본 밤하늘
반딧불이 빛만 휘황하던 어두운 그 밤에
은하수 다리 놓고 별똥별이 쏟아지던 밤
수많은 별이 남긴 유풍**은 사라진 것일까?

잔별이 사라지고 샛별만 빛나는 새벽
분명 이런 날은 미세먼지 세상이다
옛날이나 오늘날이나 별빛은 같아도
그때 없던 공해가 판을 친다

미세먼지는 짙은 안개처럼 시야를 가리고
항공기 이착륙도 방해한다
문명이 진화하니 어쩔 수 없다 하더라도
푸른 하늘 은하수는 어디로 숨어버렸을까?

오작교 다리를 놓아도

은하수는 미세먼지에 길을 잃겠지
새벽녘에 샛별만 보아도 반가운데
샛별 바라보며 점쳐보는 미세먼지 기상도.

＊성진(星辰)= 다섯째 지지의 별 이름
＊＊유풍(遺風)= 옛날부터 내려오는 풍속

나무도마의 삶

삼십여 년 전 우리 집으로 시집온 나무도마
한 평생 주방을 지켰다
처음 그때는 등판이 평평했다
요리 때마다 상처 받고
무슨 죄로 난도질을 당하는지

인생을 살아가는 데
손님이 오면 편해지는데
우리 도마는 귀한 손님 올 때는 더욱 고되다

수시로 칼날을 받고
칼자루 뒤꿈치에 쥐어 박히며
아픔을 견디더니
평평하던 등판이 움푹 파였다

젖은 도마를 말리려고
가스레인지 옆에 세워두었다
세로로 판이 세워질 때나
가족이 모두 잠을 청할 때
그때야 도마는 마음 놓고 등허리를 편다.

|해설|

언어의 샘자리와 서정의 햇살

-"밤 새워 물 긷는 달빛을 읽다"

김 종
(시인, 화가)

문학은 어디에서 시작되는가. 정찬열 시인의 시작품들을 독서하면서 새삼 되묻는 말이다. 문학은 사람에 따라 저마다 샘자리가 다를 수 있다. 요컨대 개성이 다른 것도 그렇지만 문학이 사람의 일이고 사람이 담기기 때문이다. 문학이 사람의 일이란 전제를 달고 어머니에서 시작하는 문학도 있고 고향의 강물과 하늘을 배경으로 삼을 수도 있고 고난의 단애를 타고 오른 천신만고의 기록일 수도 있다.

동분서주에 자신만의 생을 엮던 지난 40년

그런가하면 나뭇가지 파릇한 대자연의 노래일 수도 있고 백화난만한 계절을 밀림처럼 사유하는 언어일 수도 있다. 산천초목을, 조국을, 인정 많은 주변 사람들을 노래하기 위해 밤을 새워 리듬을 올려 언어를 고르고 그 곳에 자신이 품은 속 깊은 그리움을 우려낼 수도 있다. 그리 보면 시인은 언어를 통한 자신만의 세상을 축조하고 자신만의 시의 뿌리를 뻗어서 저 높은 꽃대에까지 소담한 언어의 꽃봉을 피워내는 요술사라 해도 과언이 아닐 것이다.

오늘의 주인공인 정찬열 시인은 <시인의 말>에서 밝힌 짤막하지만 자신만의 자전적 세월을 담담히 풀어내고 있다. 불의의 사고에 이르기 전 그는 40여 년을 이공계에 몸담아 동분서주하며 남부러울 것 없는 자신만의 생을 엮어갈 수 있었다. 그러던 그가 2008년 불의의 사고를 당하면서 "한쪽 팔을 잃는" 엄청난 아픔과 슬픔을 겪게 된다. 여기에 오기까지 그는 자신의 사업 외에도 취미나 운동 등으로 낚시며 골프 등을 즐기는 행복한 생활인이었고 주변 사람들과 호방하게 어울리는 멋진 남자의 세월이었다.

무상한 것이 세월인지라 그가 겪은 아픔의 시간은 맑게 갠 하늘에서 느닷없이 내리치는 청천벽력이었고 그 일을 겪고 자그마치 13년의 시간을 넘기고 있다. 더 많은 세월을 산다한들 더 많은 사람을 만난다한들 어찌 잊힐 일인가 싶다. 그 자리에 문학이라는 특별한 힘이 채워져 있음은 물론이다. 입으로 말할 수 없는 고난을 오히려 시적 위안으로 삼아 고백하듯이 문학에 담아내고 또 담아냈을 것이다. 그러는 사이에 문학을 향한 집념은 거대한 강물처럼 흘렀고 드디어 2013년《대한문학》에서 시와 수필 부문에서 연이어 신인상을 받고 문학하는 동네에 정식으로 입주하게 된다. 그래도 정찬열 시인은 그에 만족하지 않고 더 많이 배우려고 "내 부족함을 메우자는 취지하에 부지런히 교수님들의 강좌를 수강"하면서 오늘에 이르렀다고 했다. 어느 경우에도 문학은 감동과 울림이 전제되어야 한다. 그럼에도 그에 상응하는 곡절이 없으면 울림은 만들어지지 않는다. 순탄하거나 배부른 사람은 타인의 마음을 움직일 수 없다는 사실이다. 그래서 문학의 지평선에는 밤하늘의 별무리처럼 무수히 많은 상처와 아픔이 보석처럼 반짝이는 것을 볼 수 있다. 문학하는 사람을 향해 필자가 되풀이 강조하는 말은 "상처 없는 사람은 문학을 꿈꾸지 말라.”였다.

문학은 저마다의 상처를 읽어내고 그 상처를 치유하는 가장 인간적인 작업임을 상기할 때 정찬열 시인이 문학의 처마를 찾아들어 자신의 거처로 삼은 것은 그만큼 깊고 애절한 울림이 전제되어 있다. 평탄하던 지난날엔 관심 갖지 못했던 문학이 현실이 감당할 수 없는 비탄으로 바뀌면서 마치나 연어가 모천으로 회귀하듯 찾아든 문학세상에서 이미 두 권의 시집과 한 권의 수필집을 세상에 선보였고 다시금 제3시집에 진입하는 것이다. 정찬열 시인은 이번 시집을 준비하면서 “밖으로 헤엄쳐 나오지 못한 시어들이 흰개미 떼처럼 내 감정의 방파제에 모여들어 계속해서 나를 응원하는 것만 같았다.”고 하였다. 그것들을 한 바가지 샘물처럼 퍼내며 자신의 또 다른 생의 의미에 물결쳐가는 정찬열 시인의 언어에 우리도 함께 진입하려 한다.

잔솔이 어우러진 숲속
소나무에 기대 오른
넝쿨 담쟁이
나무에게 몸을 맡기고
노래하며 손을 흔든다.

기를 쓰고 오른다.
소나무는 귀찮다 해도
넝쿨손 놓칠세라 휘어 감고는
신세 좀 지자며 기어오른다.

오늘은 바람도 없는데
손사래 치며 춤을 춘다.

긴 한숨을 쉬며
초록도 지쳐서 가을이 되니

노란 단풍 빨강 단풍
그도 이젠
황혼이 되나 보다.
그토록 발버둥 치던 시절도
포기한 네 마음을 나는 알겠다.

너와 나의 가풀막이
어느덧 가을인 것을…

- < 가을 담쟁이> 전문

'가을 담쟁이'는 온 산천이 빨강, 노랑 단풍물이 가득한 계절에 채색하듯 번져있는 담쟁이의 모습에서 새삼 만화경 같은 정경이 그려지는 작품이다. 담쟁이는 포도과의 낙엽 활엽 덩굴나무이다. 주로 담장이나 벽면에 자생하는 일이 많고 줄기에 덩굴손이 있어 접착된 부분에 심장 모양의 잎이 세 쪽으로 갈라지며 벽화처럼 주거지 담벼락을 장식하는 우리 생활주변에서 만날 수 있는 매우 친근한 사물이다. <가을 담쟁이>는 여기에 착안하여 담쟁이를 의지적으로 노래한 작품이다. 소나무를 타고 올라 몸을 맡기고" 마치 손을 흔드는 것 같은"담쟁이의 모양새가 자못 낭만적으로 다가온다.

담쟁이는 생리적으로 기를 쓰고 소나무를 타고 오르는 식물이다. 담쟁이와 소나무, 두 사물은 서로가 경쟁 관계도 아니고 협력관계도 아니다. 그저 귀찮다 하는 쪽은 소나무 쪽이고 일방적으로 타고 올라 낭만적으로 어우러진 쪽은 담쟁이일 뿐이다. 어쩌면 담쟁이는 행여 덩굴손을 놓칠세라 소나무를 촘촘히 휘어 감거나 눌어

붙어 "신세 좀 지자며 기어오르는"모습이 자못 얌체스럽기도 하고 한편으로는 생존을 위한 존재적 치열함이 고스란히 전해져 온다. 그러나 바람도 없는 허공을 손사래 치며 손을 흔드는 담쟁이의 모습이나 긴 한숨 끝에 "초록도 지쳐서 가을이 되니"등의 표현은 그 자체로 직핍하고 아름답다. 이어지는 노란 단풍 빨간 단풍을 보며 이젠 담쟁이도 화자처럼'황혼'인가보다 라는 대목이나 작품의 마무리에서 읽은 "나와 나의 가풀막이/어느 덧 가을인"것에 맞춘 예비적 장치 같기도 하다. 어찌 발버둥 치며 살아온 지난 시간이 포기한 듯 살아온'네 마음'을 어루만지는 위안의 의미를 덮어줄 것인가.

기를 쓰고 올라 넝쿨손을 놓칠세라 휘어감은 담쟁이는 영락없는 우리네 인간살이와 닮았다는 생각이다. 모르긴 해도 정찬열 시인 또한 이 같은 생각이 창작의도를 밑 받친 것은 아닐까를 생각게도 된다. 작품 속의 담쟁이는 이미 우리가 앞에서 언급한대로 상대를 타고 올라 낭만성을 재주부린 사물이고 초록도 지쳐서 가을에 접어든 지상의 계절을 문득 자신의 나이로 차용한 정찬열 시인의 생각에는 다다를 수 없는 여운이 느껴지기도 한다. 그리하여 시인이 감지한 가을은 자신의 계절이기도 하여 우리의 독서는 저절로 어우러신 황혼녘의 무대에 오르고 말았다.

햇볕이 놀다간 베란다에는
집들이 때 들인 관음죽 화분
넓고 큰 화분에 터를 잡았다

창문 밖 벗꽃이 봄을 알릴쯤
형님이 선물한 난분은
물이 많아 죽고 말았고

안방마님이 사들인
파피오페딜룸이며 푸크시아꽃
목이 말라 먼 길 먼저 보냈다
봄이면 꽃 피는 예쁜 군자란
붉게 꽃이 핀 제라늄
햇볕에 놀다 간 베란다에

십년 넘게 살아온
산세비에리아꽃에
가시로 중무장한 꽃 기린도
갈 곳이 넘쳐 배가 불룩한
군자란 분갈이에 혼돈을 막는다.

- <베란다에 봄> 전문

<베란다의 봄>을 읽으니 제목에서부터 가를 것이 있다. <베란다에 봄>이란 표현이 이것을 자세히 보면 '베란다'와 '봄' 사이에는 통상적으로 소유격조사인 '~의'가 놓일법한데 처격조사 '~에'를 들여놓았다. 이들은 제각기 문장 형성에서 다른 기능인 소유격 조사와 처격 조사로 불리는데 서로간의 기능이 달라서 이를 조금 음미하고 지나가는 게 마땅하다 하겠다. 만약 처격조사에다 의미적 기능을 묻는다면 '봄'은 베란다에서 시작하는 일이 될 것이고 소유격조사에다 의미를 묻는다면 세상에 가득한 봄 중에서 베란다에 채워진 봄만을 의미하는 일이 되겠기 때문이다. 이를 작품의 독법에 끌어들인 것은 시인의 작품적 의도가 제목에서부터 예사롭지 않았기 때문이다.

"햇빛이 놀다간 베란다"에 "집들이 때 들인 관음죽"과 "창문 밖의 벚꽃이 봄을 알릴 즘"에 형님이 선물한 난분"이나 "안방마님이

사들인" 파피오페딜룸 푸크시아꽃이나 봄이면 피어나는 예쁜 군자란이나 붉게 핀 제라늄 등속이 한자리에 어우러진 베란다는 상상만으로도 햇빛과 함께 화사함이 가득 읽히는 공간이다.

고난과 불의에도 지조와 절개를 지킨 매화

그리고 이들 가운데는 집들이 때 들여서 터줏대감처럼 터를 잡은 관음죽과 물이 많아 죽어버린 난분에다 목이 말라 먼 길 먼저 보낸 파피오페딜룸 푸크시아꽃처럼 저마다의 사연들이 다르게 숨 쉬고 있다. 예로부터 게으른 며느리가 난을 기른다는 말이 있다. 그런가하면 반대로 물주는 일이 늦어져서 먼 길 간 놈도 있다. 화사하고 평화롭게 느껴지는 베란다에는 봄볕을 불러 온갖 화초들이 어우러지건만 그 속에 점화된 현상은 또 하나의 정글이겠다는 생각도 든다. 상상 중에 떠오른 정찬열 시인의 베란다에는 가시로 중무장한 기린 꽃이나 배가 볼록한 군자란의 분갈이로 여느 광경보다 볼만한 무대를 연출하고 있다.

쌀쌀한 추위와
햇빛 한 줌
찾는 듯 찾는 듯
나뭇가지 사이를
햇살이 찾아온 날

부딪히고 얼어붙는 길목
하늘이 열릴 것 같아서
꽃향기 퍼지지 못하더라도
살아남기 위한 시련에도

매섭게 찾아든 봄바람에
붉은 설중매가 몸 흔든다
누군가 쫓는 것도 아닌데
부푼 꽃망울에
봄이 오는 햇살에 맡기고

매화사랑 퇴계 선생 말씀이
마음속에 깊이 스미고
바람 부는 소리에
놀란 상념을 꿰맞추는가?

기승을 부리는 찬바람
늦은 봄에 내린 눈이 염려되어
관능에 몸서리치는 저 청아한 몸짓이여.

- <초봄 설중매> 전문

'설중매'란 눈 속에 핀 매화를 이르는 말이다. '초봄'은 봄은 봄인데도 꽃샘추위가 살아있는 이른 봄이고 음력 정월을 이르는 말이기도 하다. 봄이 오는 길목에는 대개는 한두 차례 꽃샘추위가 오는 것이 보통이다. 꽃샘추위에 장꽝(장독대) 깨진다는 말이 있다. 이 무렵이 되면 벌써부터 연둣빛 들판에는 햇살이 더욱 빛나고 차창 밖으로는 물기를 머금은 바람이 실크의 감촉으로 스치곤 한다. 그래도 아직 한기는 여전하여 나뭇가지 사이를 찾아든 햇살이 고맙기만 하다. 그리고 채 얼음이 풀리기 전의 응달받이로는 퍼지지 않은 꽃향기가 매서운 찬바람에 날려 몸을 흔드는 붉은 설중매의 모습은 보는 것만도 가열 찬 의지가 느껴진다.

"누군가 쫓는 것도 아닌데" 매화는 무엇이 바빠서 이른 봄 햇살에 몸을 맡기고 부풀린 꽃망울을 서둘러 터트리는 것일까. 이쯤에서 잠시 생각할 것이 있다. 요컨대 겨울이 채 가지도 않았는데 꽃을 피워 봄이 오는 것을 알려주는 꽃이 매화인 것은 널리 알려진 일이다. 이로 인해 매화는 고난과 불의에도 굴하지 않고 지조와 절개를 지킨 고고한 아름다움을 표상하는 꽃이며 널리 선비정신의 상징이었다. 그래서 매화의 속성을 의미하는 사자성어 아치고절雅致高節이나 빙자옥질氷姿玉質에서도 우아한 풍치와 고고한 절개, 얼음 같이 맑고 깨끗한 살결과 옥 같이 아름다운 자질을 읽을 수 있고 그런 의미에서 장원급제를 하면 관冠에 매화를 장식했었다. 죽은 듯이 보이는 마른 가지에서 꽃이 핀다하여 회춘回春을 의미하기도 했었고 새해에 가장 먼저 핀다하여 신년을 의미하기도 했었다. 대나무와 함께 하면 부부를 의미하기도 했던 '매화매梅'는 중국발음으로 '눈썹미眉'와 발음이 동일하다하여 흰 매화에서 눈썹이 하얘지도록 장수하라는 의미를 차용하기도 하였었다.

우리문학사에서 매화에 대한 관심은 헤아릴 수 없이 많다. 단초를 열었던 신라 말의 최광유崔匡裕의 매화시로부터 고려중엽으로 오면 본격적으로 매화시가 등장한다. 임춘林椿의 <차운매화次韻梅花>, 이규보李奎報의 <매화梅花>가 그들이고 진화陳澕 • 안축安軸 • 정포鄭誧 • 이집李集 • 정몽주鄭夢周 등 비중 있는 문인들 또한 문집에 예외 없이 오른 시제가 매화였다. 그리고 "백설이 잦아진 골에 구름이 머흘래라/반가운 매화는 어느 곳에 피었는가?/석양에 홀로 서서 갈 곳 몰라 하노라"는 고려의 문장가이자 정치가였던 이색李穡의 시조에서도 매화를 통해 기울어가는 나라에 대한 우국지사의 마음을 읽을 수 있고 "동천년로항장곡桐千年老恒藏曲/매일생한불매향梅一生寒不賣香"(오동나무는 천년세월을 어도 거문고의 소리를 간직하고, 매화는 한평생을 춥게 살아도 결단코 향기를 팔지 않는다.)라 한 조선 중기의 문인 신흠申欽의 한시에서도 청빈하면서도 지조 있는 한 선비의 모습을 읽을 수 있다.

퇴계 이황의 매화사랑은 특별했었다. 임종 시에까지 "매화에게 물을 주라"고 일렀던 퇴계는 매화를 읊은 시만을 모아서 펴낸 <매화시첩>에 62개 제목에 90여 수의 매화시가 전하는데 이는 우리나라 문학사상 최초의 자작자필로 된 단일소재의 꽃시집이라 하겠다. 퇴계는 매화를 자신이 추구했던 이理의 세계에서 "더없이 깨끗하고 더 없이 맑은" '청진'의 세계로 보았던듯하다.

정찬열 시인이 작품에서 "마음속에 깊이 스"민다는 퇴계선생의 말씀은 다름 아닌 임종 시에 자식들에게 당부한 "매화에게 물을 주라"던 말씀이 아닌가 싶고 찬바람이 기승을 부려도 늦은 봄에 내리는 눈바람이 염려되어 몸서리치도록 관능을 보이는 매화의 청아함을 광야에서 영웅을 부르는 선지자의 절규로 듣는 것은 나만의 독법은 아닐 것 같다.

기다리는 아찔한 향기
실버들이 더할 때
수줍은 양 고개 흔드는
짙은 향기를 실어와
속앓이처럼 신록이 깊다

한낮의 햇살은
여유롭게 쏟아지고
구름발치 햇살에
나르는 향기는
끝없이 부는 삭풍을 이기고
향기 짙은 꽃송이 진동한다

뒤집어쓴 음습한 곳에도
햇살의 발걸음이 빨라지고
버려진 뜨락에
날 새워 우짖는 향기들
손을 잡으며
오월이 꽃향기를 품어 안았다.

바람의 심술에도
욕망은 끝이 없고
풍화되지 않는 가슴속엔
득음한 오월이
휘모리장단을 이탈하여
꽃들의 잔치가 볼만하다.

- <오월> 전문

<오월>은 향기가 무성한 계절이다. 그러나 어찌 향기뿐이랴. "짙은 향기 실어와/속앓이처럼 신록이 깊다"는 정찬열 시인의 <오월>의 한 부분이다. 흔히들 '오월'을 일러 계절의 여왕이라고 한다. 그만큼 더도 덜도 아니게 만화방창 봄은 무르익고 신록은 깊어지고 덥기를 할까 춥기를 할까, 통통히 살 오른 찔레를 꺾어도 입에 물면 싸하게 퍼지는 봄의 그 물큰한 향기가 가득하다. 오월은 걸어도 걸어도 발목이 지치지 않고 불러도 불러도 샘물처럼 노래가 흘러드는 계절이라면 날 새워 향기들이 우짖을 만도 하겠다. 시인이 기다리는 오월의 아찔한 향기, 실버들이 더할 때 요리저리 바람에 실려 흔들리는 향기를 마주하노라면 무슨 꿈속이라도 걷는 듯 초록빛 속앓이처럼 신록이 질펀한 바다처럼 펼쳐져 있다. 한낮의 햇살은 여유 있게 쏟아지고 세상은 하루가 다르게 깊어만 간다. 이 어찌 황

홀하지 않겠는가. 정찬열 시인이 노래한 오월의 대자연 앞에 우리가 저마다의 눈으로 바라보고 서있는 것이다.

"구름발치 햇살에/나르는 향기"는 얼마나 진동하던가. 가히 계절의 여왕을 묘사하는 표현에 마땅하다 할 만큼의 절창이다. 때로는 어린이날에도 눈 오는 날이 있었다. 그만큼 삭풍의 기세 또한 쉽게 물러난 풍향이 아니었던 것이다. 그래도 계절은 화창하기만 하여 추위 뒤의 향기가 외려 진한 법이어서 삭풍을 이긴 향기가 꽃송이로 피어서 그리 진동한 것이다. 뒤집어쓴 음습한 곳에도 하루가 다르게 '햇살의 발걸음'이 빨라지는 것을 감지한다.

한쪽 팔의 행방을 찾는 정찬열 시인의 언어들

이웃한 유월이 여름인 것은 그리고 세상이 화창하여 "날 세워 우짖는 향기들"을 앞세우고 '오월'이 꽃향기를 품었다는 구절에 오면 지상에는 더 이룰 것이 없을 만큼 어우러지고 우거졌던 것이다. 바야흐로 바람의 심술에도 계절의 욕망은 끝없이 펼쳐지고 바다보다도 광활한 계절로 채워지고 있었다. 돋아나고 우거지고 그리고 깊어진 오월은 풍화되지 않는 가슴 속 득음이 '휘모리장단'을 이탈한 듯 꽃들의 잔치 잔치가 생각만으로도 볼만했겠다. 작품 <오월>에서 버려진 뜨락을 어느 새 복원한 향기가 우짖는 대목에 와서 우리는 대화엄을 이룩한 대자연을 한 자리에서 감상할 수 있었다.

봄이 깊었나 보다
개구리밥 연못에
초봄이 부쩍 자리 잡았고
생태공원 수면까지 초록들이
제 입을 벌리고 활짝 뻗었다.

연못에 가득한 수련잎이
빗소리를 연주하고
뱃놀이하는 개구리가
수련잎을 베고 누워 세상이 여유롭다
몰아치는 비바람이 넘친다한들
건성건성 디뎠는지 잠기지도 않는다.
한여름이면 빨갛고 하얗게
연못을 메운 큰 고랭이들이
가끔씩 개구리처럼 뛰어내리지만,
개의치 않고 물속으로 잠긴다

붉은 꽃, 하얀 꽃 틈새를 비집고
수련과 물새들이 결혼식 올리는지
마음속 사랑놀이가 즐겁고
날아든 원앙들도 한가롭다

원앙이 사랑에 질투함인지
찾아든 두루미가 호수를 지키고
봄에서 여름까지 피워낸 수련화는
나를 잊지 말라는 말씀만 팔랑인다.

- <수련화 단상> 전문

물면을 받쳐 든 호수는 수련에게는 질펀한 방석자리다. 수련은 연못이나 늪에 번식하고 7~8월에 흰꽃이 꽃줄기 끝에 한 송이씩 피고 열매는 달걀 모양의 삭과를 맺는 관상용 풀이다. 필자는 수련을 보면서 연꽃으로 환생한 효녀 심청의 청순가련한 모습을 연상하곤 한다. 그만큼 흰꽃 잎과 노란꽃술은 이 꽃의 자태를 심미적으로 감상할 수 있는 상징물이고 생태공원의 연못에서 꽃들의 틈새를 비집고"수련과 물새들이 결혼식을 올리는지"라는 구절에 오면 정찬열 시인은 벌써부터 사랑을 나누자고"마음 속 사랑놀이"를 위해 날아든 원앙들의 한가롭게 졸고 있는 장면에다 시선을 이동한다.

작품의 마무리에서 우리는 사랑을 질투한 탓인지 어느 새 원앙이 떠나가고 빈객 두루미가 호수를 지키는 모습이 행여 누군가가 와서 수련을 꺾어가지 않을까를 염려하는 마음이 절로 느껴진다. 봄이 되면 수련은 청록빛 자태를 회복하고 물망초처럼"나를 잊지 말라는 말씀만을"팔랑이는 호수를 수시로 흔들고 있다.

'고랭이'는 사초과의 여러해살이풀을 이르는 말이다. 7~8월에 황갈색의 꽃이 피고 수과를 맺는 식물이다. 개구리밥 생태공원 연못에 수면 가득 수련화 초록들이 "제 입을 벌리고 활짝 뻗"어서 연못에는 지금 빗소리를 연주하는 수련잎 뱃놀이가 한창이다. 개구리가 수련잎을 베개 삼아 세상 참 여유롭다며 "몰아치는 비바람이 넘친다한들" 수련잎을 건성건성 디딤돌 삼는다지만 잠기지 않고 의젓하기만 하다. 그런가하면 개구리처럼 가끔씩 뛰어내리는 키가 큰 고랭이들의 잠기는 모습이 대조적으로 읽혀서 변화감이 느껴진다. 여기에는 바로 잠기지 않는 개구리와 잠기는 고랭이둘의 사이에 동물과 식물이라는 현격함이 놓이고 그 같은 언어적 간극을 읽는 재미는 결코 가볍지가 않다. 붉은 꽃 하얀 꽃 틈새로 보이는 수련과 물새들의 결혼삭은 생각만으로도 정겹다. 그 자리에 마음 속 사랑놀이를 짐작하는지 날아든 원앙들의 모습이 한가롭다. 그래도 마무리에 울림처럼 당부하는 말은 갈잎처럼 팔랑이는"나를 잊지 말라는 말씀"은"봄에서 여름까지 피워낸 수련화"의 의중에 서린 꽃말이라 해도 좋을 것 같다.

몽롱한 정신이 돌아옵니다.

분명 아픔은 전해오는데
손등도 손톱도 보이지 않고
한쪽 팔이 눈을 뜨니

그 많은 아픔은 생각에 밀리고
눈물만 뚝뚝 떨어집니다
지난 육십여 년
나에 오른쪽 팔이 사라졌습니다

일어날 수 없는 환자용 침대
목 아래 주렁주렁한
수혈 주머니며 링거에서
대동맥을 빼끔거리는
주삿바늘이 과부하입니다

후회해 보아야 달라지지 않는 현실
아내의 눈망울만 부어 올랐습니다
나도 모르게 흘리는 눈물
흘러도 흘러도 주체할 수가 없습니다

가족들의 염려들이 몇 겹으로 뒤엉키고
내 몸은 침대 채로 옮겨가지만
살아 있음에 감사하면서
통한의 슬픔만이 가슴을 채웁니다.

- <사라진 눈물> 전문

<사라진 눈물>을 읽으면서 내 자신에게 이입된 절망을 읽는 듯했다. 그만큼 가슴 절절한 통한의 언어들이 눈물이 되어 양 볼을 타

고 흘렀기 때문이다. 이 작품에서 접한 '사라진'은 '통한'이나 '절망'이라는 표현이 더 깊은 울림으로 다가올 듯싶고 그만큼 이 작품이 담고 있는 내용은 평범한 마음으로는 읽을 수 없는 엄청난 사태를 담아낸 보고서이다. 작품의 시작은 "분명 아픔이 전해해오"고 몽롱한 정신이 돌아오는 대목부터 제시되어 있다.

도대체가 달라질 것이 없는 현실에 처한 화자에겐 돌이킬 수 없는 아프고 비참한 시간만 이어지고 있다. 육십여 년을 한 몸으로 살아온 한 쪽 팔을 잃었는데 여기에 무슨 수식이나 형용이 필요하리요. 남아있는 한쪽 팔이 이미 사라져버린 한 쪽 팔을 얼마나 아파하고 그리워했을까를 생각하면 부모 형제를 잃은 슬픔보다도 더 크고 엄청난 아픔이었을 것이란 생각이 상황을 압도한다. 우리는 불의한 일을 겪을 때마다 사람의 일을 어찌 예측하고 대비하면서 살아갈 수 있겠느냐고 자탄도 하지만 그럼에도 불구하고 현실에서 달라질 것은 아무것도 없다는 사실이 엄존한다.

아픔도 슬픔도 미처 진정되지 못한 상태에서 작품이 창작되고 있지만 분명 아픔은 전해져 오는데 "손등도 손톱도 보이지 않고/한쪽 팔이 눈을 뜨는" 상황은 얼마나 뒤엉킨 아픔이었을까. 그 같은 상황에서도 얼마나 강고한 비탄이길래 눈물만 뚝뚝 지는 "그 많은 아픔"이 생각에 밀린다 했을까. 실로 기가 막히고 살이 떨리는 이 엄청난 사태는 죽고 사는 일 그것과 하등 다를 바 없었겠다는 생각이다. 그 자리에서 우리는 지난 육십년을 함께 해온 "나에 오른쪽 팔이 사라졌습니다."를 하염없는 독백처럼 되풀이 말하는 화자를 만날 수 있다. 환자용 침대에는 환자가 일어설 수도 없이 수혈 주머니며 링거, 과부하 된 대동맥의 주삿바늘이 "목 아래 주렁주렁" 얽혀 있는 상황에서 무엇을 후회해야할지도 모르는 채다. 어떻게 해도 달라지는 것은 없고 주체할 수 없는 눈물만 흐르고 흐를 뿐이다.

그리고 "아내의 눈망울만 부어올랐다"는 대목까지 와서 몇 겹으로 뒤엉긴 가족들의 염려와 '내 몸'을 침대 채로 옮겨가면서도 가슴을 엄습한 것은 통한의 슬픔이면서도 떠로은 오직 하나의 생각은 "살아있음에 감사"하는 일이었다.

살아가면서
좀 더 특별한 대우를 받자고
평범한 곳의
비범함이
명치끝에서 역류하는 날

먼동이 틀 무렵까지
존재하는 화두는
밤새워 물 긷는 달빛 같은 것

숙명은 타고난다지만,
겁 없이 살아온
나는 바쁘고
바뀌는 것들과 맞대면하여
죽음 직전의 삶을 살아갈 뿐이다

계속하던 사업에
수 많은 재산을 날렸다 한들
두렵거나 겁먹을 필요는 없다
현실은 장애인이지만
살아있음에 무한 만족하고

남은 생은 쉬엄쉬엄 걸으리라 생각하면서

개밥바라기의 광명을 응원하는 저녁시간
팍팍하지만, 시 한 편을 그리워함이여.

- <벽화에 일몰이> 전문

정찬열 시인이 당한 한쪽 팔의 상실은 세상에 더없는 슬픔이었다. 어느 날 덜컥 달아나버린 팔의 행방에 대하여 정찬열 시인의 상실감은 그 무엇에 비하며 형언할 수 없이 엄청났을 것이다. 그 비할 바 없는 절망감이 '죽음 직전의' 절절함이 되어 "팍팍하지만 시 한 편을 그리워하"는 시간에 진입하고 문득 "평범한 곳의 비범함이 명치끝에서 역류 하"는 것을 감지하였으리라.

개밥바라기의 광명을 응원하는 여유로

사실 우리가 살아가는 일상에는 신체적인 결핍은 비교도 되지 않을 만큼 정신상의 결함조차 수습할 수 없는 지경에까지 이른 사람들이 얼마나 자주 접하는 일이던가. 제아무리 특별한 사람이라도 신체상의 결함보다도 정신상의 그것은 채워 넣을 다른 방도가 없다. 팔을 잃은 정찬열 시인께 무슨 말이 위로가 되겠는가만 신체상의 결함보다 비교도 되지 않을 만큼의 결함에도 아무렇지 않게 생활하는 그 많은 사람에게 견주어가며 생활하시라고 말씀하고 싶은 것은 비단 필자 한사람만의 바람은 아닐 것이다. 거기에다 그래도 더 크게 돌보시는 분이 계셔서 상실된 부분만 빼면 더없이 건강한 지금의 시간이 더없는 위안이 되었으면 하는 것이다.

"먼동이 틀 때까지/존재하는 화두는/밤새워 물 긷는 달빛 같은 것"이란 대목에서는 필자 또한 엄습한 슬픔이 너무 컸으며 이 작품을 독서하는 일이 한 번의 심호흡도 없이는 불가능할 것만 같다. 그만큼 작품의 표현에서 읽은 심적 허탈함 같은 것이 어찌 보면 감당

할 수 없는 아픔에서 연유하겠다는 생각이다. 정찬열 시인의 현재적 생각은 "남은 생은 쉬엄쉬엄 걸으리라 생각하고 있다. 그러면서" "저녁시간"엔 개밥바라기의 광명을 응원하는 시인의 자리가 왠지 좋아 보이는 것은 비단 필자만의 생각은 아닐 것이다.

저녁시간엔 무엇인가 헤아릴 수 없는 '무한만족'이 뚜벅뚜벅 걸어 들어올 것만 같다. 그 어름에서 만난 '시 한 편의 그리움'은 이 지상의 그 무엇보다 값진 웅숭깊은 선물은 아니었을까. 다시금 이어지는 삶을 "죽음 직전의 삶"으로 치부하면 그 모두가 요행이요 덤이요 감사할 일들이 아니겠는가. 그 동안은 겁 없이 바쁘게 살면서 "바뀌는 것들과 맞대면하며" 살아왔지만 이제부터는 "쉬엄쉬엄 걸으리라 생각하면서" 저녁이 되면 "개밥바라기의 광명을 응원하는" 여유도 가지면서 무한 만족하는 생의 바다에 '내 자신'을 띄우고 '시 한 편'의 저쪽 언덕으로 나아가는 정찬열 시인이 자신의 생을 축복처럼 기도하는 모습은 결곡하고 아름답다.

> 한 발짝 40여 년의 긴 세월
> 한 달이 하루 같게
> 여백마다 빼곡히 기록 해왔다
>
> 유수의 질곡 같은 혼돈을 사루며
> 그제가 어제 같고
> 어제가 오늘 같은
> 나의 하루하루를 끼워 넣는다
>
> 특별한 날엔 옷도 입히고
> 때로는 ※표도 달아 가며
> 까맣게 잊은

훗날을 기억하려고

머리 짜고 일기장에 메모하던
낙서 같은 일기가 이리도 유용하다니

지난 시간을 틀 속에 밀어 넣고
때로는 수수께끼 같은
더듬질도 해보지만
시간은 여전히 선명한 메모다.

- <일기> 전문

정찬열 시인의 <일기>는 시인이 생각하는 여느 것과는 다른 무엇을 의미할 것도 같다. 물론 '일기'의 표면적 의미를 접어두고 하는 말은 아니다. 제목을'일기'라 붙인 일에는 그만큼의 특별한 의미가 있을 것 같겠기 때문이다. 문면에 보인 '일기'는 "40여 년의 긴 세월"을 "한 달이 하루 같게/여백마다 빼곡히 기록"한 사실을 알 수 있었다. 그리고 사는 일은 "그제가 어제 같고/어제가 오늘 같은" '나의 하루하루'를 갈피갈피 끼워 넣으며 살아가는 것이 우리네 일상이다. 그러나 그제가, 어제가, 오늘이 정말로 일란성 쌍둥이처럼 균일하게 동일하기만 하다면 그걸 곧이곧대로 받아들일 수 있을까. 필자도 이 같은 자신만의 반문 속에서 하루하루의 변별성을 짚어본 일이 있다. 거기에서 얻은 결론은 동일하게 보이는 하루하루가 그리 보였을 뿐 절대로 동일하지는 않다는 사실이다. 사는 일은 미상불 머리 싸매고 살아낸 것을 일기장에 메모하듯 그리고 아무렇게나 채워 넣은 그 메모들이 "특별한 날엔 옷도 입히고/때로는 ※표도 달아 가며" 까맣게 잊어먹은 일들을 훗날에 가서 기억하려고 메모한 거였는데 그 자체로 이리도 유용한 일이 되고 말았다는 사실을 읽을 수 있다.

일기는 그날그날 겪은 일이나 생각, 느낌 따위를 적는 개인의 기록을 말한다. 그렇다면 정찬열 시인이 "특별한 날엔 옷도 입히고/때로는 ※도 달아가며" 계속한 것은 먼 날에 가서도 까맣게 잊었던 일들을 기억하겠다는 의도를 작품에서 직접 밝히고 있다. 머리에서 짜낸 것들을 일기장에 메모하면서 낙서 같다고 생각했는데 훗날 그것들을 열어놓고 유용하다고 생각했을 때 비로소 일기의 가치가 음미되는 순간인 것이다. 지난 시간은 잊히기 쉬운 것이라 기록이 필요하고 그 기록은 메모로 대신하라는 것이다.

『메모의 기술』에는 이런 기록이 있다. 좋은 두뇌는 메모에게 맡기고 그 두뇌는 새로운 것을 창작하는데 사용하라고. 그리 보면 일기도 실에 있어서 메모의 일종이다. 그들 메모에는 지난 시간을 일기라는 틀 속에 밀어 넣고 메모가 때로는 수수께끼처럼 풀어가는 일상의 시간들을 더듬질로 접근하기도 하지만 메모한 일로 하여 여전히 시간을 넘어서 선명하게 되살아나는 것은 일기가 갖는 본래의 목적이기도 할 것이다.

사람들은
자기 방식대로 살아가면서도
머리에는 여전히 잘못으로 가득하고
그러면서 법 없이도 산다고들 말하는데

자동차 운전석에 앉을라치면
곡예의 광풍이 진동하는지
지지 않으려는 전진에다
등수 없는 경주가 지금 시작 된다

앞질러 가는 자동차나
막춤 동작에 분풀이로 울리는 경적
궤도를 이탈하며 앞지르기를 감행한다

달리는 도로변에 카메라가 있으면
인고의 찰나마저 빗장 지르고
양심의 그곳만을 조심조심 지나쳐 간다

버릇이 습관처럼 반복되는
힘겨루기의 세상에
저마다 잃지 않겠다 초심을 벼르지만
순간에 모든 것은 사라지고 말아
남겨진 자아만 양심을 걷고 있다.

- <양심을 찍는 카메라> 전문

작품의 제목처럼 실제로 우리에게 양심을 찍는 카메라가 있다면 참 유용하겠다는 생각이다. 정찬열 시인께는 "법 없어도 살" 사람이란 말을 들을 만큼 그간의 세월을 살았던 터이고 자신을 찍는 양심의 카메라로 세상사는 사람들을 촬영해가며 생활해온 분이다. 그런 터에 오죽 사는 일에 눈살 찌푸리는 일이 많았으면 양심을 찍는 카메라를 주문하였을까.

작품에서 "법 없어도 산다는 말"이란 실에 있어서 다른 게 아니다. 살아가면서 이것저것 법대로를 따져보기 전에 법의 테두리 안에서 법에 맞춰 살고 있었다는 의미이겠다. 이는 일차적으로는 상식에 맞게 사는 일이고 상식대로 산다는 게 실은 다른 억지 부리지 않고 물 흐르듯 자연스럽게 살아가는 일을 말한다. 그런데 그게 생각대로 되는 게 아니라는 의미이다. 우선 상식을 대수롭지 않게 생각하는 사람들이 많다보니 이를 어기거나 무시하는 일이 현실에서 너무 빈번하다는 것이다. 정찬열 시인은 바로 그것을 의도하면서 작품의 흐름을 잡았다고 여겨진다. 법대로 사는 일을 대단한 것으로 생각하는 사람도 지극히 자연스런 삶은 다름 아닌 '상식'에 입각하여 살아가는 일이라는 것이다.

상식이란 사람들이 보통 알고 있었거나 알아야 하는 지식, 일반적인 견문과 함께 이해력, 판단력, 사리 분별 따위가 포함 된다는 의미이다. 그리고 흔히들 말하는 상식 밖의 행동이란 자연스럽지도 않고 정의롭지도 않다는 사실을 상기할 필요가 있다.

새삼스럽지만 '양심'의 사전적 풀이는 어떻게 될까. 양심이란 "사물의 가치를 변별하고 자기의 행위에 대하여 옳고 그름, 선과 악의 판단을 내리는 도덕적 의식"을 이르는 말로 정의한다. 이리 보면 사는 일의 2대별은 양심대로 사느냐 그렇지 못하느냐 일뿐인데 정찬열 시인께서 목도한 세상사가 어느 만큼의 진풍경이었는가는 짐작이 가고도 남는다. 그리고 이것들을 그 때 그때 촬영하는 카메라가 있었으면 좋겠다는 생각에까지 도달한 것에서 시인이 세상의 소금이라는 말을 이해하고 수긍하기에 어렵지 않다는 사실이다.

발목 잡은 비린내에도 싫지 않던 영산포 선창

자기 방식대로 살아가면서도 머리에는 여전히 잘못으로 가득한 사람들, 자동차 운전석에 앉는 순간부터 곡예의 광풍으로 세상은 진동하고 그로부터 시작된 등수 없는 경주가 지금 시작된다는 것으로 미루어 이는 계속 이어진다는 의미로 이해할 수 있겠다. 그러는 중에도 앞질러가는 자동차나 막춤동작에 분풀이로 울리는 경적, 궤도를 이탈한 앞지르기 등은 보지 않고도 훤히 상상되는 양심에서 이탈한 행동들이다. 이 같은 것들을 두루 잡아서 촬영할 카메라가 있다면 그곳을 지날 때만이라도 조심조심 가야할 터인데 "버릇이 습관처럼 반복되는" 힘겨루기의 세상은 그리 될 수 없었던 것이다. 이는 분명 달라져야 한다는 전제하에 촬영하는 카메라는 없을 것인가를 떠올린 것이다. 입으로는 저마다 본분을 잃지 않겠다 타령이지만 "순간에 모든 것은 사라지고 말아" 덩그렇게 남겨진 시인만이 양심의 길을 걷고 있을 뿐이다.

여덟 살적 토끼 걸음
엄마 따라 사십 리 길
부푼 꿈 앉고
난생처음 찾아간 곳, 영산포 선창

내륙 천변에 등대가 불 밝히고
갈매기가 날 듯 펄럭이는 오색 깃발
섬처럼 떠 있는 통통배
대교의 난간을 부여잡고
곧추 발 세우고 넘어다본 푸른 강

분주하게
조기며 갈치며 홍어 상자가 오간다.
싱싱한 비린내가 발목을 잡는다
그래도 싫지 않은 영산포 선창

강 건너 내영산에 갈탄 냄새 남기고
떠나는 완행열차 기적소리는
흐르는 강물에 섞여 흐르니
난간을 붙잡고 파수꾼이 된다.

붕어빵을 사준다며
꾸러미 달걀 팔아 나를 부른다.
선창 옆 화교들의
비단 가게 옆 빵집에서
어머님의 미소가 살아서 흐르는
60년 전의 추억이 맴도는 영산포 선창

- <영산포 선창> 전문

아 영산포 선창, 그립기도 하겠다. 여덟 살 어린 나이에 정찬열 시인이 엄마 손 잡고 사십리 길을 걸어서 난생 처음 찾아간 곳이 바로 영산포 선창이었다. '영산포 선창'에서 '선창'은 물가에 다리처럼 만들어 배가 닿을 수 있게 시설한 곳을 이르는 말인데 영산포가 영산강을 낀 내륙의 도시라는 것은 주지하는 바이고 그런데도 해수가 깊숙이 진입하여 자연스럽게 형성된 선창이었다. 영산포는 이 나라 내륙 하천변에 1915년부터 유일하게 등대가 들어섰고 이는 영산강 나루가 수많은 물자를 실어 나른 뱃길이었음을 웅변하는 상징물이며 겸하여 수위관측도 수행하던 곳이었다. 그러나 이 등대마저 1978년 1월 영산포 물막이 공사가 시행되면서 이내 뱃길이 끊겼고 등대의 기능 또한 상실했음은 물론이다. 그리고는 11년 후인 1989년에는 대홍수가 일어나 수위 관측의 기능마저도 상실하고 말았다.

영산포 선창 얘기가 나왔기 망정이지 유입된 바닷물로 인해 뱃길도 물길도 바다였던 1970년대 초반만 해도 영산강은 영산포 윗부분까지 9~12m의 수심을 자랑하던 수량이 풍부한 내륙하천이었다. 작품 속에 직접 노래되지는 않았지만 오색천을 나부끼던 풍어배의 낭만이 환상인 듯 지나가고 홍어도소매상이 즐비한 선창은 바닷가에 차려진 파시처럼 흥청거렸다. 아, 상상만으로도 즐거운 그 시절의 광경이라니! 이 부두에서 배를 타고 왕인박사는 일본으로 떠났고 최치원은 중국행 배를 탔었다. 정찬열 시인의 기억 속에 남아있는 유년의 그 지워지지 않는 광경들이 영산포 선창이라는 말로 표현된 것은 이 같은 주변의 풍광들과 어우러진 기억의 자별함과 모멘텀이기에 충분하다.

영산포 영산강은 한 시대의 풍속을 장히 저장한 축제의 현장이었다. 여덟 살 소년이 처음 찾아간 영산포 선창은 어른이 되어 다시 찾았을 때와 얼마나 달랐을까. 그리고 정찬열 시인에게 얼마나 가슴 뛰는 추억의 현장이었으랴.

어린 맘에도 당시의 영산포 선창은 불 밝힌 등대에다 갈매기가 날고 오색 깃발이 펄럭였다고 기억한다. 여기저기 고기 실은 발동선이 통통거리며 떠다닐 때 대교의 난간을 붙잡고 발을 곧추 세워 넘어다 본 정찬열 어린이에게 강은 어떤 모습의 물길로 흐르고 있었을까. 조기며 갈치며 풍어 상자가 분주히 오가고 물큰 살아있는 비린내가 발목을 잡아도 그 냄새가 싫지 않았던 영산포 선창을 많은 시간을 보내고도 싫지 않다고 기억하고 있다. "강 건너 내영산에 갈탄 냄새 남기고" 완행열차의 기적소리가 강물에 섞여 흐르니 다리 난간을 붙잡고 파수꾼처럼 지켜본 그날의 광경이 새삼 선명한 추억으로 되비쳐 온 모양이다. 장날 붕어빵을 사준다며 부르던 '꾸러미 달걀팔이'나 "선창 옆 화교들의/비단 가게 옆 빵집에서" 여지껏 어머니의 미소가 살아서 흐르는 60년 전의 추억이 맴도는 영산포 선창은 시인의 가슴에 티오르는 거대한 사랑의 불길이 아니겠는가.

차창 밖을 바라보면

뜬소문이 띄운 붉은 천지
선산에 귀신 쫓는 나무가
지천에 번성하여
꼬박 백일을 물들이고 간다

백세시대에 떠오른 친구 생각
잊히는 방식이 비례되지만
너도나도 식목이 다를 뿐이다
자가용 시대가 달리는 도로가

꿈을 꾸다 붉게 피어나는
늦은 봄 겹잎으로 깃을 세운
마음 연정에 붉은 볏이 돋았다

대다수 나무가 푸르름을 더하니
줄기는 몸통을 수결 한다고.
단장하게 잎을 펼친 자미화
송이송이 붉은 꽃이 소문났으니

느지막한 농심과
늘어세운 푸른 잎 열병은
끌어안은 봄날이 연서 같이 풀려서

유령 幽靈으로 굽어 앉고
지켜낸 사랑이 진정 백일이러니
가로 등불 긴긴밤을 밝게 비춘 세월
가로변에 광명도 꺼뜨리지 않는다.

- <자미화 연서> 전문

자미목, 자미화는 우리에겐 간지럼나무로도 친숙한 백일홍 나무이다. 여름 내내 보리밥에 물려지내면서도 쌀밥에의 희망만을 손꼽아 기다리게 했던 꽃이 자미회이고 보면 우리에게 자미화는 너무도 친숙한 이미지다. 자미화는 이 지역 광주 사람들에겐 연고가 특별한 꽃이다. 조선조 중기 무등산 자락인 광주호 주변 가사문화권에는 천하 일류 문사들이 자신들의 재능을 재고 파천황의 작품을 창작한 현장이었다. 소쇄원 일대를 무대로 하여 온통 자미화로 둘러싸인 풍류의 현장에서 우리 선조 문인들은 세상 사람들이 놀랄만한 작품 창작에 여념이 없었다. 광주호 주변의 일대의 물면을 '자미탄'이라 하였고 그 꽃길을 걸으면서 저마다의 재능을 열어갔던 것이다. 이 같은 자미화는 우리들의 시대에도 감회가 특별한 꽃이다.

봄 햇살만큼이나 밝은" 핏줄의 살가움에

일제식민지 치하를 벗고 한국전쟁의 잿더미에서 가까스로 회복한 이후 폐허와 가난만을 물려받은 우리에게 쌀밥 한번 먹어보기는 얼마나 큰 소원이던가. 하루 세끼 먹고 사는 일이 그리도 어렵던 시절, 자미화는 황홀한 쌀밥을 기다리게 한 희망의 꽃이었다. 자미화를 백일홍이라 하는 연유는 이 꽃의 개화기간이 석달 열흘 백일에 걸쳐있다는 의미이며 모내기에서 숙성기까지를 환산하면 석달 열흘인데 이 기간이 백일의 기간이었다. 그런데도 우리 선조들은 이 꽃이 세 번 핀다고 보았던 것이며 그 끝물에야 쌀밥을 먹을 수 있었으니 오죽이나 황홀한 꽃이었겠는가.

정찬열 시인의 <자미화 연서>는 "뜬소문이 띄운 붉은 천지"에 선산에 귀신 쫓는 나무가 꼬박 백일을 물들인다는 자미화를 꿈꾸다 붉은 깃을 세우고" 마음 연정에 붉은 볏이 돋았다"고 하였다. 백세시대, 너도 나도 식욕이 다른 자가용 시대에 단정하게 잎을 펼친 자미화가" 줄기는 몸통을 수결한다고" 송이송이 붉은 꽃이 소문났으니 자미화의 개화를 날짜별로 손꼽아가며" 끌어안은 봄날이 연서 같이 풀"렸다 하였으리라. 그러면서 유령으로 허리 굽어"지켜낸 사랑이 진정 백일이라니"긴긴밤 가등을 밝히고 밝게 비춘 가로변에 꺼뜨리지 않는 자미화는 진정 세월을 넘어 다시금 피어난 우리들의 시대를 밝히는 등촉 같은 꽃이 아니었을까.

휘파람 소리로
걸려온 전화벨 소리
거실에는 전등을 밝히고
부르는 소리 있어
양치를 하다가 달려간다

한 돌이 갓 지난 반가운 음성
이름을 부르며 화면 속을 더듬는다
쌩긋한 웃음으로 답하고는
아장걸음 부끄러움이 걷고 있다

휘파람으로 입모습 그려내고
거실 내에 차려진 잠자리에서
여덟 시간을 깨어나지 않던 녀석인데

건네주는 막내딸네 외손녀와
틈틈이 주고받는 영상통화
피어난 봄 햇살만큼 밝아지면서
핏줄의 살가움에 마냥 젖는다.

- <영상 통화> 전문

조부모에게 손주만큼 예쁜 상대가 또 있을까. 그래서 조부모와 손자손녀의 사랑법은 무릎에 앉혀놓고 수염을 뽑혀도 정신 놓고 바라보기만 하는 천사가 그들이다. 한마디로 눈에 넣어도 아프지 않겠다는 말이 여기에서 나온 말이 아니었을까 싶게 조부모와 손주 사이에는 부모자식 간보다 더한 사랑의 전류가 흐르고 자별한 광경이 연출되곤 하였다. 근자에는 손주 자랑을 하려면 돈을 내고 하라는 말이 있을 만큼 조부의 손주자랑은 못 말리는 부분이 있다. 부모자식간이나 조손祖孫간의 사랑이나 사랑의 본질은 동일하겠지만 그럼에도 조부의 무릎에서 성장한 손주라야 조백이 있고 균형 있게 성장한다고들 했었다. 그것은 다름 아닌 사랑을 통한 교육이 그만큼 특별하다는 의미이기도 하고 지극한 사랑 속에 예뻐하며 키운 손주라야 훌륭하게 성장한다는 말이 되겠다.

지금은 세태가 변해서 조・손 간의 관계가 예전과 다르고 사랑의 진정성이 옅어지거나 퇴색하는 경향으로 흐르고 있어 안타깝다고들 한다. 그만큼 세상이 달라져서 조・손 간의 사랑이 자꾸 멀어지는 일을 우려하는 학자들도 있다. 흔히들 사랑은 내리사랑이지 치사랑은 없다고들 한다. 그런가 하면 자식을 성공적으로 키우려면 조부의 재력과 모친의 정보력과 부친의 무관심이라고 말할 정도이니 요즘처럼 달라진 세태에도 조부모의 손주사랑은 여전히 유효한 주제이다. 그리 보면 손주에 대한 조부모의 사랑은 막무가내의 짝사랑이라는 말이 어울릴 만큼 일방적인 데가 있다.

아마도 작품 <영상통화>는 전화 컬러링이 '휘파람소리'였나 보다. "걸려온 전화벨 소리"가 울리자 거실에는 양치를 하다가 달려간 발길이 있다. 전화의 주인공은 "한 돌이 갓 지난" 막내딸 네의 외손녀, 달려간 이는 다름 아닌 외조부. "틈틈이 주고받는 영상통화"로 집안은 온통 "피어난 봄 햇살만큼이나 밝아지면서" 핏줄의 살가움에 마냥 젖는다는 구절들이 더없이 다사롭다. 한 돌이 갓 지났으니까 겨우 할아버지를 발음하는 단계일 텐데 그 소리만으로도 집안은 폭소와 박수와 감탄으로 가득해진다. 틈틈이 주고받는 영상통화는 화면 속을 더듬으며 이름을 부를 수도 있고 서로의 모습을 직접 보며 "쌩긋한 웃음으로 답할" 수도 있다. 휘파람으로도 입모습을 그려볼 수 있는 녀석이지만 "거실 내에 차려진 잠자리에서/여덟 시간을 깨어나지를 않아" 애를 태운 적도 있었다. 비척비척 아장걸음으로 부끄러운 듯 걷는 녀석의 모습이 세상에 그 무엇보다 예쁜 꽃송이였다..

정찬열 시인의 손주사랑이 특별한 것은 자신이 겪은 엄청난 시련에 연유할지 모른다. 그래서 더더욱 휘파람 소리로 울리는 전화벨에다 귀를 기울이고 양치하다가도 한달음에 달려가서 환호하듯 통화하는 행복감을 어찌 값을 매겨 말할 수 있겠는가.

바람이 휘감던 겨울 바다
햇볕이 그리도 그리웠는지
해무에 갇힌 수만 년의 임자도
뱃길이 가르마처럼 시원하다

바다인지 육지인지 두툼한 장막
새롭게 개통된 연륙교에
가로막는 해무가 우윳빛이다

뱃길로 한 시간을 달려간 바다는
임자면 2단 연륙교가 마중오고
짙은 해무를 밀치고 그 섬에 가서

긴 백사장 튤립이 도열한 화원 앞
철석 이는 파도가
뱃고동 소리 울려 퍼지리
해무를 연주하는 모래사장에
이불처럼 덮어둔 해무가 두껍다.

- <해무 > 전문

겨울바다를 휘감는 바람소리는 느낌만으로도 몸이 떨려올 만큼 으스스하다. 이런 날 다사한 햇빛이 그리웠을 것은 당연지사, 그러나 햇빛이 나면 이내 걷히지만 이 같이 짙은 해무가 임자도를 마치 강보에 아이 감싸듯 가두어놓고 있다. 해무를 장막 두른 임자도는 바다 위에 올려놓은 연륙교마저 우윳빛으로 덮어버려 세상은 깊은 마법에 빠진 듯 자못 잠잠하다. 하늘과 땅이 이처럼 해무에 갇힌 형국이니 육지와 바다가 무슨 차이가 있으며 사람과 풍경이 무에 다르겠는가.

"초록도 지쳐서 가을이 되는" '나의 가풀막'

그런 시각에 화자가 한 시간쯤의 뱃길로 달려간 바다에는 무엇이 기다리고 있었을까. 머나먼 이국적(exoticism) 그리움으로 손쳐부른 임자면 2단 연륙교가 마중을 나와 그리움을 앞세워 찾아간 우리에게 "긴 백사장 튤립이 화원 앞"에 도열한 그 섬은 해무에 묻혀서도 울려 퍼진 파도와 뱃고동 소리로 모래사장은 흡사 두꺼운 이불을 덮어둔 듯 못내 잠잠하기만 하다.

이 작품은 화자가 칠팔 개월쯤이 지나간 2021년 3월 19일에 개통한 임자도 연륙교에서 일망무제로 트인 바다의 광활함을 가슴 벌려 호흡하면서 심신에 어린 호연지기를 감각적으로 써내려간 작품으로 보인다. 다도해는 이름처럼 섬이 많은 바다이고 그 유명한 <향수>를 작시한 정지용 시인을 떠올린다. 정지용이 김영랑 시인과 강진만을 찾았을 때 물면에 떠있는 섬들을 보며 "물오리가 잠방대는 둠벙"이라고 표현한 적이 있었다. 허지만 이제는 그들 섬마저 연륙교가 놓여 웬만하면 자동차로 일주할 수가 있고 그런 의미에서 다도해의 상당 부분은 더 이상 섬이 아니라는 사실이 또 다른 감회에 젖게 한다.

이상의 작품에서 정찬열 시인의 시적 표정들을 살펴보았다. 아직도 진정되지 않는 눈물들이 노래의 흐름으로 읽히는 것은 그의 상실감의 크기가 어느 만큼인가를 엿볼 수 있게 하는 대목이다.

담쟁이를 의지적으로 노래한 <가을 담쟁이>는 "초록도 지쳐서 가을이 되니" '나의 가풀막'에서 어느덧 가을인 것에 포기한 듯 살아온 '내 마음'을 어루만지는 산천은 붉은 색으로 어우러져 다분한 위안의 의미가 황혼녘을 무대 만들어 밀어올리고 있다. <베란다에 봄>은 처격조사 '~에'의 기능이 베란다에서 '봄'이 시작한다는 의미이고 집들이 때 들인 관음죽과 형님이 선물한 난분, 안방마님이 사들인 파피오페딜룸 푸크시아꽃이나 예쁜 군자란, 붉게 핀 제라늄 등속이 어우러진 베란다는 상상만으로도 화사함이 그득한 화원이다.

<초봄 설중매>는 이른 봄 햇살에 몸을 맡기고 부풀린 꽃망울을 서둘러 터트리는 매화를 고난과 불의에도 굴하지 않고 지조와 절개를 지킨 고고한 선비정신을 표상한 상징이었다. 그래서 매화의 속성을 의미하는 사자성어 아치고절雅致高節이나 빙자옥질氷姿玉質에서도 우아한 풍치와 고고한 절개, 얼음 같이 맑고 깨끗한 살결과 옥 같이 아름다운 자질을 읽을 수 있고 '매화에게 물을 주라'던 퇴계 이황 선생의 말이 아니어도 매화의 청아함을 광야에서 영웅

을 부르는 선지자의 절규로 듣는 것은 나만의 독법은 아닐 것 같다.

<오월>은 통상적으로 계절의 여왕이며 추위 뒤의 향기가 외려 진한 법이어서 삭풍을 이긴 향기가 꽃송이로 피어서 뒤집어쓴 음습한 곳에도 하루가 다르게 '햇살의 발걸음'이 빨라지는 것을 노래한 작품이다. 우리는 여기에서 읽은 버려진 뜨락을 어느 새 복원하여 향기 우짖는 대목에서 대화엄을 이룩한 대자연을 한 자리에서 감상하는 것은 아닐까. '수련'은 호수를 방석자리 삼아 7~8월에 흰 꽃이 꽃줄기 끝에 한 송이씩 피고 열매는 달걀 모양의 삭과를 맺는 관상용 풀이다. <수련화 단상>은 수련잎을 베고 눕거나 디딤돌 삼은 개구리가 세상 참 여유롭다며 몰아치는 비바람도 넘치게 즐길 때 붉은 꽃 하얀 꽃 틈새로 보이는 수련과 물새들의 결혼식은 생각만으로도 정겹다. 그 자리에 원앙들의 사랑놀이나 갈잎을 팔랑이며 "나를 잊지 말라는" 말씀의 의중이 봄에서 여름까지 피워낸 또 하나의 수련화는 아니었을까.

<사라진 눈물>은 정찬열 시인이 통한의 눈물로도 대신할 수 없는 육십여 년을 한 몸으로 살아온 팔을 잃은 슬픔을 현실에서 비통하게 노래한 작품이라 차마 정면으로 눈을 대고 읽을 수 없는 아픔이 고스란히 전해져 온다. 실로 기가 막히고 살이 떨리는 이 엄청난 사태는 죽고 사는 일에 진 배 없겠고 그럼에도 "살아있음에 감사하"다는 화자의 진심을 우리는 처연한 독백처럼 읽고 있는 것이다. 정찬열 시인에게 한쪽 팔의 상실은 그 무엇에도 비할 수 없는 엄청난 슬픔이었다. <벽화에 일몰이>에서 읽은 "먼동이 틀 때까지/존재하는 화두는/밤새워 물 긷는 달빛 같은 것"이란 대목에서 그 무엇으로도 위로되기 어렵다는 것을 알지만 다행이도 정시인은 상실된 부분만 제외하면 살아있음에 감사하고 건강한 지금의 시간을 더없이 감사하다는 위안에 도달해 있다.

작품 <일기>는 그날그날 겪은 일이나 생각, 느낌 따위를 적는 개인의 기록을 넘어 "특별한 날엔 옷도 입히고/때로는 ※도 달아가며" 계속한 것은 먼 날에 가서도 까맣게 잊었던 일들을 기억하겠다는 의도를 담아낸 기록이다. 머리에서 짜낸 것들을 일기장에 메모하면서 낙서 같다고 생각한 것들도 훗날엔 유용하다고 생각했을 때 새삼 일기의 가치가 재음미 되는 것은 아닐까.

<양심을 찍는 카메라>에서 "법 없어도 산다는 말"이란 실에 있어서 법대로 살았는가를 따져보기 전에 법의 테두리 안에서 법에 맞춰 살고 있었다는 의미로도 이해되는 작품이다. 이는 일차적으로 상식에 맞게 사는 일인데 상식을 대수롭지 않게 생각하며 이를 어기거나 무시하는 일이 빈번하다보니 이를 "찰칵찰칵 찍어내는 카메라가 있다면"을 소망처럼 노래한 작품이다. 여덟 살 어린 나이에 엄마 손 잡고 사십 리 길을 걸어서 난생 처음 찾아간 곳이 영산포 선창인데 이곳은 한 시대의 풍속을 장히 저장한 축제의 현장이었다. 이곳에서 새삼 선명한 추억으로 되비쳐온 영산포 선창은 시인의 가슴에 타오르는 거대한 사랑의 불길이 아니겠는가.

<자미화 연서>는 쌀밥의 희망으로 우리에게 너무도 친숙한 "자미화'를 요모조모 노래한 작품이다. 자미화는 석 달 열흘을 피어있대서 백일간의 사랑이라는 꽃말을 가진 나무인데 이 꽃의 개화만을 손꼽아가며 "끌어안은 봄날이 연서 같이 풀"렸다고 하면서 지켜낸 사랑이 우리들의 시대를 지켜낸 등촉 같은 꽃이 아니었을까.

작품 <영상통화>는 전화 컬러링이 '휘파람소리'이고 전화 벨 소리의 주인공은 "한 돌이 갓 지난" 막내딸 네의 외손녀, 달려간 이는 다름 아닌 외조부 정찬열 시인이고. "틈틈이 주고받는 영상통화"로 집안은 온통 "피어난 봄 햇살만큼이나 밝아지면서" "핏줄의 살가움에 마냥 젖는다"는 구절들이 더없이 다사롭다 짙은 <해무>가 임

자도를 마치 강보에 아이 감싸듯 가두어놓은 바다에는 연륙교마저 우윳빛으로 덮어버려 세상은 마법에 빠진 듯 잠잠하다. 한 시간 쯤의 뱃길을 달려서 다다른 곳은 일망무제로 트인 바다의 광활함을 만날 수 있었고 이를 가슴 벌려 심호흡하면서 심신에 어린 호연지기를 감각적으로 노래한 작품이었다.

고난을 강 건너서 詩에 다다른 정찬열 시인

정찬열 시인이 잠재울 수 없는 아픔과 함께 촘촘한 절망의 그물에 옭아 매이지 않고 고난의 강을 잘 건너서 시인으로서의 오늘에 다다른 것은 아무리 생각해도 기적이라고 말할 수밖에 없겠다. 무엇에 기대서라도 이겨내지 않고서는 견딜 수 없는 세월이었으리라. 상실의 상처를 십자가처럼 등에 지고 하루 한시도 편히 넘길 수 없었으련만 그래도 사랑하는 이들과 함께여서 그 모두를 보듬을 수 있었으리라. 그리하여 시인이 눈물로 어루만진 자리마다 생의 새순이 돋고 미래의 시간은 푸르게 우거지고 있다. 시인의 앞날에 시의 숲이 더욱 무성하고 깊어지기를 간구하는 바이다.